HOE IK VAN MIJN RIJANGST AFKWAM

TITIA HOOGENDOORN

Vertel de wereld wat je vindt van #HoeIkVanMijnRijangstAfkwam
Vind de auteur: @titiahoogendoorn
Vind de uitgever: @blossombooks

NUR 400 / IPP082201

Omslagontwerp: Lola Vogels
Illustraties binnenwerk: Titia Hoogendoorn
Opmaak binnenwerk: Studio L.E.O.

Wil je de uitgever iets vragen of vertellen? Dat kan! Stuur een mailtje naar info@blossombooks.nl of vind ze op blossombooks.nl.

INHOUD

Op het dieptepunt van mijn rijangst was er bij mij een angst ontstaan voor de angst: ik was bang geworden om me angstig te voelen in de auto. Als ik wist dat ik de volgende dag moest rijden, kon ik er de hele nacht van wakker liggen, er zelfs al vaak een week van tevoren mee bezig zijn in mijn hoofd. Om de vijf seconden had ik een gedachte als: 'Als ik niet goed opgelet had, was ik tegen die en die auto aan gereden' of: 'Als die tiener in de verte opeens de straat op rent, rij ik er zo overheen'.

De dagen na het rijden had ik zo nu en dan flashbacks van situaties waarin ik dacht: oef, dat ging maar net goed, of: als ik daar niet had opgelet, dan had ik een ongeluk gehad.

Ik wist: hier moest ik iets aan gaan doen.

DISCLAIMER

Ik ben ook gewoon maar een mens die haar ervaringen deelt. De ideeën en gedachten in dit boek hebben mij geholpen om over mijn rijangst heen te komen. Ik denk dat ze jou ook zouden kunnen helpen, maar ik ga ervan uit dat iedereen die dit leest goed nadenkt en zijn eigen verantwoordelijkheid neemt in de magische wereld van het weggebruik. In de auto stappen is na het lezen van dit boek dus nog steeds totaal je eigen risico.

Behalve het lezen van dit boek is het ook verstandig om je rijangst aan te pakken met de hulp van officiële rijscholen die hierin gespecialiseerd zijn. Mocht je vermoeden dat je rijangst onderdeel is van een groter psychisch probleem – je hebt bijvoorbeeld last van dwanghandelingen of -gedachten – dan is het heel belangrijk om hier met een psycholoog aan te werken. Vraag je huisarts om een verwijzing. Je staat misschien even[1] op een wachtlijst, maar psychische zorg wordt in Nederland vergoed door je zorgverzekering (love dit).

1. Met 'even' bedoel ik: plusminus tienduizend jaar.

Floor
Roos
Niels (broer)
Arnoud (vader)
ik
de Frika
Anne
Talisia
Sarah
Lize

LEKKER VEEL RIJDEN, UGH

'Lekker veel rijden' is het korte antwoord op de vraag: hoe ben je van jouw rijangst afgekomen? 'Lekker veel rijden' is waarschijnlijk ook het meest verschrikkelijke advies dat mensen jou hebben gegeven toen ze erachter kwamen dat je autorijden vermijdt. Een wreed advies voor mensen die urenlang malend wakker kunnen liggen als ze weten dat ze de volgende dag het gaspedaal in moeten drukken.

In dit boek vertel ik hoe ik op een redelijk aangename manier van mijn rijangst af ben gekomen. Ik postte al eerder delen van dit proces op mijn Instagram en werd overspoeld met berichten van volgers die hier ook mee zaten. Het verbaasde me hoeveel mensen dit onderwerp aansprak en vooral hoeveel mensen in mijn directe omgeving hiermee kampten – we hadden het er nog nooit over gehad. In dit boek delen ik en een aantal anderen onze persoonlijke verhalen en tips over rijangst.

Bij veel mensen ontstaat, net zoals bij mij, de angst ná het behalen van hun rijbewijs. De meeste oefeningen en verhalen in dit boek zijn op dat scenario gebaseerd. Maar ook als jij iemand bent die bang is om te beginnen met rijlessen, is dit een handig boek om te lezen. Er staat het een en ander in over rijles, en daarnaast kunnen de verhalen van mij en de geïnterviewden helpen om inzicht te krijgen in waar je precies bang voor bent. Dit zou je dan van tevoren kunnen bespreken met je toekomstige rijinstructeur.

Een deel van dit boek is eerder verschenen als e-book in eigen beheer. Ik ben heel blij dat uitgeverij Blossom Books het boek een stapje verder wilde brengen door het opnieuw uit te geven. Deze nieuwe versie leest nog lekkerder weg, en bevat een paar nieuwe hoofdstukken. Zo interviewde ik mederijangsthazen die over hun angst heen zijn gekomen. Ik sprak met iemand die na een ongeluk weer de weg op moest, iemand die tijdens haar rijlessen met autisme werd gediagnosticeerd en iemand die er later achter kwam dat ze ADD heeft.

Door het lezen van dit boek doe je (helaas) geen rijervaring op en je zult aan het einde ook niet weten hoe dat ene ingewikkelde stressvolle kruispunt nu precies in elkaar steekt. Maar je leert (hopelijk) iets veel belangrijkers. Iets waar je ook de rest van je leven wat aan hebt, namelijk: hoe leer ik om te gaan met een gevoel van angst in mijn lichaam? Hoe blijf ik rustig als ik voor die spoorwegovergang sta? Hoe overwin ik mijn angst om te rijden op de snelweg? Hoe leer ik om te gaan met die negatieve stem in mijn hoofd?

Hopelijk gaat dit boek jou helpen om veilige en zelfverzekerde beslissingen te kunnen nemen in het verkeer, zodat je straks levens kunt redden door mensen met spoed naar het ziekenhuis te brengen, of zodat je met de auto naar de IKEA kunt.

AUTORIJDEN IS OFFICIEEL BELACHELIJK

Om hoopgevend te beginnen: inmiddels ben ik over 95 procent van mijn rijangst heen en praat ik te pas en te onpas over hoe leuk het is om een auto te hebben. Ik pak tegenwoordig zelfs heel vaak de auto, ook als het niet eens nodig is.[2] Vanavond rij ik bijvoorbeeld naar een voorstelling in het midden van nergens die tot kwart voor elf duurt. KWART VOOR ELF 'S AVONDS! Afgelopen nacht heb ik uiteraard nog wel tien minuten liggen piekeren over rijden op de snelweg in het pikkedonker en hoe ik een bocht over het hoofd zou kunnen zien op zo'n plek waar geen lantaarnpalen staan maar waar ik wel geacht word 120 kilometer per uur te rijden, maar voor de rest ben ik na die tien minuten wakker liggen vredig, zelfs enthousiast over hoe leuk het is dat ik gewoon even met de auto naar camping Wildeburg kan rijden om een voorstelling te bekijken, in slaap gevallen.

---

2. Echt leuk hoe slecht het overwinnen van mijn rijangst is voor het milieu.

Dan wil ik nu even van de gelegenheid gebruikmaken om je te vertellen dat het niet raar is dat je bang bent. Mijn (en jouw) rijangst is niet absurd of irreëel of onzin. Het is natuurlijk officieel belachelijk dat het überhaupt legaal is om met duizenden mensen tegelijk in machines van staal en plastic met 120 kilometer per uur over hetzelfde stuk asfalt rijden (of 50 (?!?!?!?!!?!?) kilometer per uur binnen de bebouwde kom).

Daar rij je dan, met je vingers gekruist in de hoop dat iedereen goed uitkijkt, zich aan alle voorrangsregels houdt en een werkend reactievermogen heeft zodat je niet op een andere auto of, nog erger, een ander mens knalt.

Het is dus niet raar om bang te zijn. Sterker nog, volgens onder andere onderzoek van de website rijangst.nl hebben ongeveer een miljoen Nederlanders last van rijangst. Toch zag ik regelmatig mensen om me heen (beste vrienden, broers, nichtjes die tien jaar jonger zijn dan ik) die met zo veel nonchalance hun auto in stappen dat ik me afvroeg of zij iets wisten wat ik niet wist. Waarom zijn zij niet bang? Het leek me goed voor ons om te weten wat er zich in hun hersenen afspeelt en of ze misschien geheime informatie hebben.

Daarom vroeg ik een aantal mensen[3] zonder rijangst waarom de fuck ze niet in paniek zijn op de weg. Hier een

---

3. Floor, mijn vader, mijn broer en een aandeelhouder van een uitgeverij die naar eigen zeggen 'ook gewoon circuits doet'.

samenvatting van hun domme en onbedachtzame antwoorden:

'Eigenlijk denk ik er gewoon nooit over na dat het belachelijk gevaarlijk is om auto te rijden.'

Daar hebben we dus precies niks aan.

GEEN NATUURTALENT

Sommige mensen zijn al op tienerleeftijd geïnteresseerd in autorijden. Ze kunnen niet wachten tot ze hun rijbewijs mogen halen en weg kunnen scheuren. Dat zijn dezelfde mensen die zodra ze beginnen met rijlessen tegen je zeggen dat de leraar heeft gezegd dat ze een 'natuurtalent' zijn.

Zelf behoor ik meer tot de categorie die zich jarenlang vasthield aan de geruststellende woorden van mijn vader[4] over de zelfrijdende auto's die er ongetwijfeld zouden zijn als ik later groot ben. Toen ik eenmaal groot was en steeds meer vrienden en lovers een rijbewijs of auto kregen, vond ik het heerlijk om rondgereden te worden. Zelf autorijden? Mij niet gezien. Ik was dan ook maar matig gemotiveerd toen ik voor een nieuwe baan op

4. Ik heb een erg leuke vader, die altijd enthousiast wordt van grensverleggende toekomstvoorspellingen. Hij vertelt me regelmatig over het zelfrijdende busje dat al een tijdje zonder bestuurder van het innovatieve Wageningen naar Ede rijdt en weer terug.

mijn achtentwintigste verplicht mijn rijbewijs moest gaan halen. Terwijl ik aan het lessen was, vertelde ik dus aan wie het maar horen wilde dat ik 'zéker geen natuurtalent was', om geen verwachtingen te scheppen die ik later niet waar zou kunnen maken – en om alvast uit te komen onder allerlei toestanden waarbij ik gevraagd zou worden om te rijden.

Arnoud (vader)

RIJLES NEMEN EN DE KEUZE VAN JE INSTRUCTEUR

Als er iets is waar ik spijt van heb, dan is het dat ik niet meer mijn best heb gedaan om een rijleraar te zoeken die bij mij past. Ik heb toentertijd mijn beslissing laten afhangen van factoren als wie het goedkoopste pakket en per direct tijd had. Ik dacht: ik sla me er wel doorheen.

Tijdens de lessen zat ik verkrampt achter het stuur en snapte van heel veel dingen geen zak. Dit lag niet alleen aan mijn paniekhersenen, maar ook aan de totaal onduidelijke communicatie van de instructeur. Het dieptepunt van onze samenwerking vond plaats halverwege het traject. Hij kwam niet opdagen voor een les en toen ik hem probeerde te bellen, hoorde ik niet het gebruikelijke 'Hoi, wie is dit?' maar het onheilspellende 'Tududuuu'. Mijn instructeur was verdwenen. Tot op de dag van vandaag is mij niet duidelijk waarheen.

De rijschool wees me een nieuwe rijleraar toe en weer nam ik die klakkeloos aan. Ik kon inmiddels een soort van rijden, maar de nieuwe instructeur bleef maar vragen stellen als: 'Weet jij niet waar het knopje van het mistlicht zit?' en 'Heb je nog niet leren inparkeren?' Waarop ik dan verslagen 'Nee' moest antwoorden, omdat de onduidelijke-communicatie-instructeur me dit nooit had geleerd.

Als leerling kun je niet weten wat je niet uitgelegd is, je moet het tenslotte nog leren. Wel kun je goed aanvoelen of je een klik hebt met de instructeur en of die ervoor zorgt dat je zelfverzekerd achter het stuur gaat zitten. Wissel van leraar als je denkt: dit wordt 'm niet.

Praat om bovenstaande reden ook vooral over je rijleservaringen met je vrienden of je ouders. Een vriendin van me vertelde me dat ze, toen ze achttien was, met haar ouders sprak over haar rijlessen en dat zij toen dachten dat ze een betere instructeur kon gebruiken. Of in elk geval een instructeur die beter bij haar paste. Ze was zelf nog jong en had nog nooit rijles gehad, dus dit had ze waarschijnlijk niet snel zelf kunnen inschatten. Daarna vond ze een rijleraar die haar veel beter heeft geholpen.

Iets anders waar ik spijt van heb, is dat ik pas tegen het einde van mijn praktijklessen ben gaan leren voor mijn theorie-examen. Het rijden werd ineens veel makkelijker en minder eng toen ik de verkeersregels beter begreep. Dit klinkt misschien logisch, maar mij was het ontgaan. Zo heb ik voor het grootste gedeelte van de rijlessen gewoon gegokt hoe hard ik ergens mocht rijden, of ik vroeg het aan de instructeur. Dus lees dat theorieboek aan het begin van je rijlessen alvast door, ook al duurt het nog superlang voordat je theorie-examen gaat doen.

Mijn nieuwe rijinstructeur leerde me een beetje mokkend alle rijtechnieken aan en lachte vertederd om mijn angstige houding. Mijn gevoelens tegenover hem waren wisselend. Ik voelde me vooral erg overgeleverd aan de grillen van welke rijleraar er maar op mijn pad kwam. Wat eigenlijk gek was, want ik betaalde hem. Hij heeft me vaker dan eens voor onbepaalde tijd in de auto achtergelaten op de parkeerplaats van een soort buurthuis in Amsterdam Nieuw-West (waar ik niks van durfde te zeggen), maar hij heeft ook wel eens koffie voor me gekocht bij een tankstation en bood me regelmatig snoepjes aan (wat ik dan weer extreem aardig vond).

De wonderen waren de wereld nog niet uit want ik slaagde meteen de eerste keer voor mijn rijexamen, ondanks een rare paniekfout aan het begin. De examinator legde naderhand uit dat hij inderdaad vond dat ik een paar rare beslissingen had genomen, zoals toen ik de opdracht kreeg ergens te keren en ik dacht dat het een instinker was omdat het mij een gekke plek leek om te keren. Ik ben toen nog zeker zeven minuten verder gereden totdat ik een plek vond waarvan ik honderd procent zeker wist dat ik daar mocht keren. Dat was raar, maar ik had dus niks gevaarlijks gedaan.

Ik hoopte dat er die dag zo'n foto van me zou worden gemaakt zoals ik die tien jaar geleden bij al mijn vrienden op hun social media voorbij had zien komen, zo'n foto waarop ik voor de lesauto zou staan met een *Geslaagd!*-bord in mijn hand. Als die foto dan later op de Instagram van de rijschool zou komen te staan, dan kon ik die delen in mijn Stories. En als ze hem op Facebook hadden gezet, dan had ik er vrolijk op kunnen reageren zodat mijn ooms en tantes konden zien hoe het met me ging. Helaas was het enige wat ik kreeg van mijn rijleraar een 'Ik was ook erg verrast toen ik hoorde dat je geslaagd was, maar gefeliciteerd' toen we naar buiten liepen. Geen goede start van het begin van mijn rijcarrière.

JE HEBT JE RIJBEWIJS, EN NU?

Als je eenmaal je rijbewijs gehaald hebt, is het heel belangrijk om meteen veel te gaan rijden – veel mensen krijgen rijangst omdat ze dat dan juist niet meer doen. Er wordt vaak gezegd dat je pas leert rijden na het behalen van je rijbewijs, want vanaf dat moment bouw je zelfvertrouwen op. Tot dan reed je altijd met iemand naast je, die meebesliste over wat wel en niet kan en hoe hard je ergens mag.

Veel mensen die ik sprak voelden dat inderdaad zo: dat alleen achter het stuur zitten hen pas echt heeft leren rijden. Je probeert het dan niet meer goed te doen voor de leraar, maar je probeert je goed en veilig over de weg te bewegen voor jezelf – zonder dat je aan iemand kunt vragen hoe het ook alweer moest. Je bent op jezelf aangewezen en elke keer als het dan goed gaat, denk je toch: dat deed ik maar mooi weer even.

Mocht je geen auto hebben omdat je daar geen geld voor hebt of bijvoorbeeld in de (binnen)stad woont en hem nergens kwijt kunt, denk er dan over om een auto te huren en een roadtrip in te plannen. Of ga op vakantie met een vriendin die er wel eentje heeft, neem verkering met een autobezitter (zie interviews in dit boek) of bied iemand die een auto heeft aan te chauffeuren. Aan opties geen gebrek, je moet het alleen wel even regelen.

HOE HAAL IK MIJN THEORIE?

Misschien ben je wel iemand die goed is in kennis stampen en toetsen maken. Doe dan je ding en sla dit hoofdstuk over. Maar misschien ben je net zoals ik iemand die niet zo goed is in lezen, leren of toetsen maken. Hier een stappenplan voor het halen van je theorie-examen:

Stap 1

Lees het theorieboek één keer rustig door. Er staat heel veel informatie in die goed is om te weten maar waar ze tijdens je examen nooit naar gaan vragen, dus probeer niet al je energie te verspillen door alles uit je hoofd te willen leren. Later kom je er wel achter wat echt belangrijk is om te weten.

Stap 2

Maak een paar oefentoetsen. Zo leer je over welke informatie uit het boek ze daadwerkelijk vragen gaan stellen, en op welke manier. Nog belangrijker dan de toetsen maken, is het secuur nakijken ervan. Lees de juiste antwoorden goed door en probeer te begrijpen waaróm je de vraag goed of fout had. Een groot deel van het halen van het theorie-examen bestaat uit begrijpen hoe het CBR[5] de vragen stelt en wat zij willen dat jij van de vraag snapt.

Stap 3

Leer nu de theorie uit je boek met in je achterhoofd het soort vragen dat ze gaan stellen. Ga vervolgens terug naar stap 2 en kijk hoeveel beter je bent geworden. Herhaal stap 1 en 2 net zo lang tot je bijna geen fouten meer maakt.

Extra hulp

Sommige rijscholen bieden naast praktijkles ook theoriecursussen aan van een of meerdere avonden.

Nog meer extra hulp

Ben je heeeeeeeeel zenuwachtig voor je theorie-examen, heb je weinig tijd om te leren of is concentreren voor jou echt een ingewikkelde klus? Het internet staat vol met plekken waar je eendaagse cursussen kunt doen. Als je kunt, probeer vóór de cursus dan wel het theorieboek door te lezen en een aantal oefentoetsen te doen zoals ik hierboven heb

---

5. Het CBR is een door de overheid aangesteld orgaan dat verantwoordelijk is voor verkeersveiligheid. Zoals je waarschijnlijk weet, beslissen zij waar je aan moet voldoen om een bepaald rijbewijs te halen.

beschreven, dan komt de informatie op de cursusdag nog beter binnen.
Op de dag van de cursus zit je tussen 7.00 en 14.00 uur in een lokaal met allemaal tieners die een capuchon dragen en Red Bull drinken. Samen luister je naar een soort *motivational speaker*, die je alles wat je voor de toets moet weten in een halve dag probeert te leren. Als je eerder al een proeftoets hebt gedaan, weet je waar jij tegenaan loopt en kun je daar vragen over stellen. Vaak zijn deze leraren bovendien volledig op de hoogte van de instinkertjes die je tijdens de toets kunt verwachten. Bij de meeste van dit soort cursussen ga je aan het eind van de dag met z'n allen naar het CBR om meteen het examen te maken. Helemaal gezellig.

KAN IK OOK (AF)RIJDEN IN EEN AUTOMAAT?

Het verschil tussen een automaat en een schakelauto is dat je bij een automaat niet zelf hoeft te schakelen. Je motor heeft nog steeds versnellingen zoals in een schakelauto, maar je automaat past zelf de versnelling aan. Je hebt een rem en een gaspedaal, maar geen koppeling meer. Wel is er nog een pook waarmee je de auto in verschillende standen kunt zetten, zoals de P van Park, de D van Drive, de N van Neutral en de R van Reverse.

In Nederland is het niet erg gebruikelijk, maar je kunt een automaatrijbewijs halen. Dan les je en rij je af in een automaat in plaats van een auto waarin je moet schakelen. Je mag met dat rijbewijs niet in een schakelauto rijden, maar als je van plan bent een automaat te kopen, kan het een optie zijn. Helemaal als dit ervoor kan zorgen dat het je wél lukt om je rijbewijs te halen. Veel mensen raden het je af, maar dat is gewoon Nederlandse betutteling, denk ik.

Trouwens, steeds meer auto's hebben een automatische

versnellingsbak. Elektrische auto's zijn bijvoorbeeld altijd een automaat, en als je een auto wilt huren kun je er ook altijd wel eentje krijgen. Zelf rij ik inmiddels ook in een automaat en ik vind het heerlijk. Schakelen heb ik nooit ingewikkeld gevonden, maar je hoeft opeens op veel minder dingen te letten. Dat kan vooral fijn zijn als je net begint met rijden. Ook slaat je auto nooit meer af en het zorgt ervoor dat ik me op een heuvel voor het stoplicht nooit zorgen hoef te maken dat mijn auto tijdens het optrekken langzaam achteruit gaat rollen. In de file staan met een automaat is zeker 70 procent[6] comfortabeler dan met een schakelauto.

In het begin kan de overstap van schakelauto naar automaat eventjes wennen zijn, maar uiteindelijk is het erg makkelijk. Overstappen van automaat naar schakelauto is wat ingewikkelder – vandaar dat je met een schakelrijbewijs wel in een automaat mag rijden maar met een automaatrijbewijs geen schakelauto mag besturen.

In Amerika rijdt vrijwel iedereen in een automaat, maar in Nederland (en ook de rest van Europa) rijden de meesten in een schakelauto. Op de een of andere manier hebben we een obsessie met het automatiseren en gemakkelijk maken van ons leven, maar op het moment dat het om

---

6. Wetenschappelijk bewezen door mijn eigen gevoel te onderzoeken.

rijden gaat, maken we het onszelf graag erg moeilijk. Ik heb even research gedaan waarom dit zo is (ik heb mijn vader gebeld en op Google de eerste drie resultaten bekeken die kwamen op de vraag: 'Waarom rijdt niet iedereen in een automaat?') en hieronder volgt een korte analyse:

'Je bent geen echte vent als je niet schakelt', lees ik op het forum van Startpagina over rijden in een automaat. 'Een automaat is voor vrouwen,' zegt iemands buurman die beroepschauffeur is. Verderop wordt er nog genoemd dat het sportiever voelt om te schakelen en daarom leuker is om te doen. Volgens mijn vader kun je in een schakelauto ook veel harder optrekken dan met een automaat. Dit gaat gepaard met van die kutherrie die je wel eens hoort als er een irritant persoon voorbijrijdt. Dit geluid, alsof je op het circuit van Zandvoort rijdt, maak je dus door in een lagere versnelling heel hard het gaspedaal in te drukken. (Mocht je overigens ook irritant willen zijn in een automaat, dan kan dat gewoon, vertelt mijn vader: als je in één keer heel hard het gaspedaal van de automaat indrukt, dan schakelt hij automatisch naar beneden en maak je eventjes meer toeren – en kun je harder racen of optrekken. Ik snapte zelf niet zoveel van deze uitleg maar doe ermee wat je wilt.)

Er wordt wel eens gezegd dat een automaat een brandstofslurper zou zijn, maar dat is een fabeltje. Vooral nieuwere modellen zijn juist veel zuiniger dan schakelauto's omdat de auto zelf constant de zuinigste versnelling kiest en jij dat dus niet verkeerd kunt doen. Wel zijn automaten vaak duurder in de aanschaf en in onderhoud.

Mijn vader vertelde me overigens nog dat als je echt zuinig wilt rijden, je een auto met cruisecontrol moet nemen. Dit is gewoon een losse tip van hem, die hij drie keer herhaalde, dus die ik hier ook echt moet toevoegen.

Conclusie: het rijden van een schakelauto geeft mensen vooral de enorm misplaatste trots om een man en geen vrouw te zijn.

HOE IK RIJDEN GING VERMIJDEN

Toen ik eenmaal mijn rijbewijs in mijn portemonnee had zitten, was er voor mij amper noodzaak om te rijden. Ik chauffeurde mijn vader nog wel eens van zijn werk in Amsterdam naar Bennekom met het idee: zo blijf ik een beetje rijden, maar die luttele keren dat ik uiteindelijk voor mijn werk moest rijden, kreeg ik mijn collega altijd wel zover om achter het stuur te gaan zitten. Mijn rijangst was nog niet zo groot, maar ik merkte toen al dat ik absoluut niet alleen durfde te rijden. Of beter gezegd: niet zonder mijn vader. Mijn rijbewijs fungeerde eigenlijk vooral als alternatief legitimatiebewijs als ik alcohol wilde kopen.

Een paar maanden na het halen van mijn rijbewijs kreeg ik mijn eerste heftige MS-aanval[7] en moest ik daar een vrij lange tijd van herstellen. Mijn ouders zeiden, ook toen het

7. Ik heb de chronische ziekte multiple sclerose. MS is een ziekte van het centrale zenuwstelsel (hersenen en ruggenmerg), die voor allerlei klachten kan zorgen. Zoals (tijdelijk) zicht- of krachtverlies en vermoeidheid.

al beter ging: 'Focus je nu maar eerst op je herstel, dat kost al energie genoeg.' Dat hoefde je mij geen twee keer te zeggen. Ik greep dit excuus meteen met beide handen aan om niet meer aan mijn rijskills te hoeven werken. Hoewel totaal begrijpelijk, is dit wel funest geweest voor mijn rijzelfverzekerdheid. Ik gaf toe aan mijn angst en hoe minder ik reed, hoe meer de angst in mij ging broeien en rotten als een paar vergeten boterhammen in een rugzak. Er ging meer dan tweeënhalf jaar voorbij waarin ik helemaal niet gereden heb.

Sidenote: Bij veel mensen groeit rijangst omdat ze na het behalen van hun rijbewijs niet genoeg rijden en soms vraag ik me wel eens af of ik ook rijangst gehad zou hebben als ik mijn rijbewijs had gehaald toen ik nog in Bennekom woonde. Dan had ik de maanden erna regelmatig in mijn ouders' auto door de lege, overzichtelijke dorpsstraten kunnen cruisen. Toch weet ik ook dat rijangst door van alles kan komen: slechte ervaringen, zenuwachtige bijrijders, psychische problemen, een negatief zelfbeeld, onzekerheden over het functioneren van je lichaam en ga zo maar door.

WAAROM IK DAN TOCH WEL WEER BESLOOT TE WILLEN RIJDEN

Tot ik verhuisde naar mijn nieuwe huisje in Amsterdam-West, vlak bij een snelwegafrit en met lekker veel parkeerplekken in de buurt, was het hebben van een eigen auto niet eens in me opgekomen. Ik had daarvoor in De Pijp gewoond (een heel drukke buurt midden in het centrum van Amsterdam), maar in deze nieuwe buurt voelde dit opeens als een mogelijkheid. Ik kreeg steeds meer fantasieën over gemakkelijk naar een bouwcentrum kunnen rijden voor wat planken, naar de IKEA gaan voor een kastje of met mijn beste vriendin Sarah naar de IJhallen[8] om kleren te verkopen zonder dat we om 6.45 uur met een backpack en vier boodschappentassen bij een busstation moesten staan. Niet geheel toevallig hadden mijn ouders een

8. Een tweedehandsmarkt in Amsterdam-Noord, waar Sarah en ik regelmatig kleren hebben verkocht.

extra (schattig, klein, overzichtelijk) autootje gekocht, de Frika,[9] die ik (als ik zou willen) voor onbepaalde tijd mocht lenen.[10]

Mijn rijangst was inmiddels veel groter dan ik dacht; door al het vermijden had ik zelf niet eens meer door tot wat voor een groot monster die was gegroeid. Ik wist dat 'ik gewoon meer moest gaan rijden' om van mijn rijangst af te komen, dus in overleg met mijn ouders schreef ik me in voor de wachtlijst van de parkeervergunningen, als een stok achter de deur. Gelukkig moest ik eerst maanden op de wachtlijst staan voor die vergunning, en dus had ik de tijd om mezelf op verschillende manieren over mijn rijangst heen te helpen.

9. Mijn auto, een zilveren Hyundai Atos, is door mijn ouders de Frika genoemd. Een afkorting van het woord 'frikandel', omdat de auto lang en smal is. De verkoper keek na de doop vreemd op, want hij vond de auto meer op een gebakje lijken.
10. Ik weet het: het privilege van superlieve en redelijk welgestelde ouders hebben druipt ervan af, maar het leek me belangrijk om al mijn kaarten op tafel te leggen.

RIJANGSTLESSEN DIE IK MEZELF HEB GEGEVEN ZONDER EIGEN AUTO

Een ritje met een Car2Go[11] met mijn goede vriendin Roos. Het was prettig om te rijden met Roos omdat zij het na het behalen van haar rijbewijs ook nog lange tijd spannend vond om te rijden. Ze wist precies wat ik voelde en wat ik nodig had en bagatelliseerde mijn angsten niet.

Dit ritje was de eerste keer dat ik in een Car2Go ging en het was ook de eerste keer dat ik in een automaat zou rijden. Om de druk van de ketel te halen,

---

11. Car2Go is een deelauto, vergelijkbaar met bijvoorbeeld Greenwheels of MyWheels. Ze staan verspreid door de stad en door middel van een app kun je ze huren. Vervolgens betaal je per minuut. Je kunt verschillende modellen huren, maar ik huurde in het begin de Smart, een klein automaatje voor twee personen, die je makkelijk overal kunt parkeren. Extra notitie: Car2Go heet tegenwoordig SHARE NOW.

zei ik tegen mezelf dat het niet uitmaakte hoeveel tijd het me zou kosten om op onze bestemming te komen. En als het me echt niet zou lukken, zou Roos het zelfs nog van me over kunnen nemen.

Alsnog was ik erg gespannen, en toen we in de auto stapten zag ik op de plek waar normaal de versnellingspook zit de letters PNRD staan. Geen flauw idee wat dat betekende en welke ik nodig had. Samen met Roos, die ook niet vaak in een automaat reed, zocht ik uit waar de letters voor stonden en probeerde ik zo min mogelijk aandacht te geven aan mijn angst dat ik dingen zou kunnen laten ontploffen met een verkeerde handeling. Toen ik eenmaal de auto had gestart en de pook naar de D had verplaatst, reed ik onder begeleiding van de ondersteunende kalmte van Roos en mijn geforceerd rustige ademhaling weg van de parkeerplek, op naar onze eindbestemming.

Daarna moest ik van mezelf een keer in m'n eentje met de Car2Go, maar het duurde erg lang voordat ik me hiertoe kon zetten omdat ik alleen rijden zó eng vond. Uiteindelijk besloot ik de lat lager te leggen. Ik hoefde van mezelf alleen maar naar de auto toe te lopen, en als ik er eenmaal in zou zitten en toch niet zou durven, mocht ik gewoon weer met de tram naar huis gaan. Als ik tijdens het rijden in een situatie zou komen die ik echt niet meer trok, mocht ik de eerste de beste rustige straat in rijden om daar een parkeerplekje te zoeken – en dit zou dan niet betekenen dat ik gefaald had. De opdracht was immers naar de Car2Go toe lopen en erin gaan zitten: alles wat ik daarna voor elkaar kreeg was mooi meegenomen.

Ook had ik bedacht dat ik ergens naartoe wilde rijden waar ik de parkeersituatie kende. Ik ging dus met de tram naar de Intratuin in Oost en op de terugweg zou ik naar huis rijden met de Car2Go. Toen ik aankwam bij de auto ben ik erin gaan zitten, maar ik kreeg hem eerst heel lang niet aan de praat. Ik heb nog met Roos gebeld en gevraagd of zij kon bedenken wat ik fout deed, maar zij wist het ook niet. We hingen op en ik ging nog even alles na en zag dat hij niet in de P-stand stond maar nog in de D van 'drive', en je kunt een automaat blijkbaar alleen starten als hij in de P van 'park' staat. Weer wat geleerd. Ik zette hem in de D-stand en gleed vervolgens in mijn kleine botsautootje zo door de kleine straatjes van Amsterdam-Oost. Het was een weg die ik gelukkig goed kende omdat ik er vaak had gefietst. Mentaal kruiste ik mijn vingers in de hoop dat ik niks verkeerd zou doen en geen auto's over het hoofd zou zien. Ik heb de hele weg 'Rustig blijven ademhalen' tegen mezelf moeten zeggen, maar het ging. Ik deed het gewoon.

Talisia

Twee weken later hadden Roos en ik een afspraak met mijn moeder in Bennekom. We mochten de auto lenen van een andere goede vriendin, Talisia. Dit was een rit van een uur over de snelweg, zonder mijn vader, maar gelukkig met Roos. Van deze rit herinner ik me vooral dat het op de terugweg steeds donkerder werd: superspannend. Ik was moe en we reden een afslag voorbij en daardoor moesten we ergens een U-turn maken en dit voelde allemaal zo illegaal en badgirl-achtig – terwijl ik, nu ik een briljant ervaren en nonchalante rijder ben, weet dat U-turns maken gewoon bij het rijden hoort.

Ik was weer eens in Bennekom en wist al dat de Frika uiteindelijk bij mijn huis zou komen te staan. Het leek me een goed idee om even met het autootje te bonden en een rondje te rijden. Vele wegen in Bennekom leiden naar Ede en het zijn wegen die ik al heel vaak heb gereden met mijn ouders en broers. Ik ging in mijn eentje in de auto zitten, zette een album van Lorde op en begon moed te verzamelen. Ik herinnerde mezelf eraan dat ik inmiddels vaker had gereden, dat ik deze wegen kende en altijd even ergens stil kon gaan staan. Vervolgens vroemde ik weg en heb ik in de Frika een rondje gereden naar Ede en weer terug (verschrikkelijk eng, maar oké).

Mijn moeder én vader hebben geloof ik apart van elkaar een keertje alle functies van de Frika aan mij uitgelegd. Ik was bijvoorbeeld bang dat het zou gaan regenen en ik niet zou weten hoe de ruitenwissers zouden werken. Of dat ik het verkeerd zou doen met het licht. Het is fijn om met iemand de functies van een auto door te nemen. En te weten waar je auto wel en niet van gaat ontploffen.

Een week voordat de Frika naar Amsterdam zou verhuizen zou ik met Floor, een goede vriendin die heel begripvol is, hoewel zijzelf wel iemand is die in de categorie autonatuurtalent valt, een retourtje McDrive doen om meer snelwegblootstelling te krijgen. Ik durfde inmiddels (wel met gespannen schoudertjes) in mijn eentje binnen de bebouwde kom te rijden, dus ik reed binnendoor van mijn huis in West naar haar huis in Oost om haar op te pikken voor de snelwegoefening. Ik voelde me zelfverzekerd en hot en cool, tot ik opeens door een verkeerde afslag met mijn kleine Car2Go alsnog in mijn eentje op de snelweg belandde. Terwijl ik mijn ademhaling onder controle probeerde te houden,

Floor

zocht ik angstvallig naar de eerstvolgende afrit. Tussen de paniekgedachten van 'OMG IK RIJ NU OP DE SNELWEG DIT WAS NIET DE BEDOELING', dacht ik af en toe ook: ik rij nu gewoon in mijn eentje op de snelweg en ik leef nog, vet. Toen ik uiteindelijk heelhuids bij Floor aankwam, ben ik met haar en een lagere hartslag nog een keer de snelweg op gegaan. Een dag vol snelwegblootstelling met als toetje een Veggie McChicken.

TIP VAN PSYCHOLOOG SABINE KLAVER

Sabine Klaver is werkzaam als psycholoog. Naast haar werk in haar praktijk praat ze over allerlei gerelateerde thema's in onder andere haar podcast (PsychoLogisch Podcast) en op haar Instagram-profiel. In dit boek geeft ze aanvullende tips en uitleg.

'Positieve ervaringen opdoen met het rijden helpt erg bij het opbouwen van zelfvertrouwen en daar horen zeker ook de lastige of angstige situaties bij. Door de lastige situaties te ervaren weet je dat, zelfs als het moeilijk wordt, je ze op kunt lossen en zult overleven. Als je een keer je auto op de vluchtstrook hebt moeten zetten voor een paniekaanval en je bent daar vervolgens levend uit gekomen, dan weet je dat als het nog een keer zou gebeuren, je in staat bent je problemen op de weg op te lossen.'

Deze paar losse rijlesjes waren een begin. Ze kostten me alleen meerdere dagen zo veel paniek (en geld) dat ik er echt uitgeput van was. Als ik echt over mijn rijangst heen wilde komen, zou ik veel meer moeten rijden. Een deelauto is handig, maar je betaalt vaak per minuut of per uur en dat tikt natuurlijk wel aan als je tussendoor veel pauzes wilt nemen, extra lang wilt oefenen met inparkeren of telkens kleine oefenritjes wilt maken. Dus voor de intensieve antirijangst-privébootcamp die ik zou willen organiseren en waar ik niet aan onderdoor zou gaan, had ik twee dingen nodig. De Frika moest naar Amsterdam komen zodat ik zoveel kon oefenen als ik wilde, plus genoeg tijd om zoveel te kunnen oefenen, slagen en falen als ik maar kon.

MIJN ANGST BEGRIJPEN

Het is natuurlijk heel irritant dat als je rijangst hebt, iedereen maar zegt 'dat je gewoon lekker veel moet rijden' – alsof je dat zelf nog niet bedacht had. Daarom wil ik graag zeggen 'dat je gewoon irritant veel moet rijden'. In het begin is het misschien niet altijd lekker, maar als je voor jezelf de juiste omstandigheden kunt creëren, weet ik zeker dat ook jij het kunt. Het creëren van die juiste omstandigheden begon bij mij met het onderzoeken van mijn angst(en). Waar was ik nou precies bang voor? En waarom? En waren mijn angsten terecht? Hoewel de paniek inmiddels vrij groot en overheersend was (ik hoefde maar aan autorijden te denken en ik begon al te zweten), kwam ik er toch steeds meer achter dat ik niet alles aan rijden eng vond.

Toen ik over mijn rijangst ging praten en erover begon te lezen, kwam ik erachter dat veel mensen het eng vinden om in te voegen op de snelweg. Daar had ik dan weer helemaal geen last van. Dat besef gaf me wel wat vertrouwen, want als ik dat niet eng vond, zou het misschien ook mogelijk zijn om uiteindelijk andere dingen niet eng te vinden. Er waren nog een aantal angsten waar ik helemaal geen last van bleek te hebben, zoals angst voor rijden met iemand naast me of rijden binnen de bebouwde kom. Dit relativeerde enorm.

Tegelijkertijd was het ook belangrijk om te weten waar ik dan wel bang voor was. Als ik namelijk wist wat dat was, kon ik beter bedenken wat ik moest doen om die angst op te lossen.

Door te benoemen waar ik allemaal bang voor was, voelde mijn rijangst minder overweldigend. Het bleek dat ik niet bang was voor RIJDEN in het algemeen, maar voor een aantal aspecten ervan.

MIJN ANGSTEN

- Vooraan bij een stoplicht staan en niet honderd procent zeker weten of je de weg in mag waar je naartoe wilt.
- Op de snelweg tijdens het wisselen van rijbaan niet goed kijken, waardoor ik iets niet zie en een ongeluk veroorzaak.
- De kans om een spookrijder te worden door van de verkeerde kant een eenrichtingsweg in te rijden – of nog erger: dat ik de snelweg op rij die de andere kant op gaat.
- Stilstaan voor een stoplicht op een helling met een auto achter me. Ik ben erg bang dat de auto tijdens het op laten komen van de koppeling naar achteren rolt, tegen de andere auto aan.
- Geen overzicht hebben in een bepaalde situatie en dan wel moeten reageren, bijvoorbeeld als ik van de ene snelweg op de andere terechtkom en dan opeens

op de middelste baan van een zesbaansweg rij terwijl er aan de rechterkant mensen voorbijsjezen. Ik heb het over jou, knooppunt A10-A4.

- In mijn eentje rijden, vooral op de snelweg. Dit heeft te maken met denken dat ik het overzicht nog niet heb en dat ik daardoor geen beslissingen kan nemen. Samen met mijn vader of broer of een andere zelfverzekerde bestuurder rijden, durf ik wel. Want dan kan ik vragen: 'Ik kan nu van baan wisselen, toch?'
- Het veroorzaken van overlast voor andere automobilisten en dat ze dan boos op me worden omdat ik het niet goed doe.
- Bang dat ik toevallig een probleem met mijn hersenen blijk te hebben dat ervoor zorgt dat ik het allemaal niet goed kan overzien en niet voldoende concentratievermogen heb. Hierdoor zou ik me slordig kunnen gaan gedragen en vervolgens iemand aanrijden.
- Dat mensen niet opletten en opeens gaan oversteken terwijl ik 50 kilometer per uur rij en niet op tijd kan remmen.
- Niet weten of je ergens kunt en mag parkeren.
- Dat het gaat regenen terwijl ik aan het rijden ben en dat ik niet weet hoe de ruitenwissers werken en dus vervolgens geen zicht heb.

- Het per ongeluk tanken van de verkeerde brandstof (en dat de auto dan ontploft).
- Niet goed kunnen inschatten hoe groot mijn auto is en daardoor tegen dingen aan rijden, bijvoorbeeld op van die wegen waar je een tegenligger aan ziet komen en niet weet of de auto's naast elkaar passen.
- Dat als ik mijn auto heb geparkeerd, ik toch iets verkeerd zou hebben gedaan (wat? geen idee), waardoor hij die nacht ontploft.
- Als enige ter wereld eigenlijk echt niet in staat zijn om te kunnen rijden, en dat niemand dat tegen me durft te zeggen.[12]

12. Zie het hoofdstuk 'Ben ik misschien de uitzondering, de enige die niet in staat is om te rijden, maar durft niemand dat tegen me te zeggen?' op pagina 54 voor het antwoord.

NOG MEER ANGSTEN

Uit mijn onderzoek bleek dat er ook nog een heleboel dingen zijn waar anderen bang voor zijn, maar waar ik dan gelukkig geen last van heb:

- Op de invoegstrook rijden en geen plek of ruimte krijgen om in te kunnen voegen voordat de invoegstrook ophoudt.
- Een paniekaanval krijgen op de snelweg.
- (File)parkeren, vooral als er auto's achter je staan te wachten.
- Een bijrijder hebben en dan een ongeluk krijgen.
- Geen controle hebben over de auto, bijvoorbeeld niet goed kunnen schakelen.
- Slippen door slecht weer.
- Angst dat de auto afslaat (bijvoorbeeld voor een stoplicht) en dat andere mensen achter je beginnen te toeteren.

- Angst om het water in te rijden.
- Midden op de weg autopech krijgen en dan dus stil komen te staan en niet weten wat je moet doen.
- Op een snelweg autopech krijgen en erachter komen dat er geen vluchtstrook is.
- Achteruitrijden.
- Onzeker worden over voorrangssituaties.
- De navigatie niet begrijpen en verkeerd rijden of dingen doen die niet mogen.
- Per ongeluk het gas intrappen in plaats van de rem. Of in een automaat per ongeluk met je koppelingvoet de rem intrappen terwijl je gas geeft.
- Niezen terwijl je op de snelweg rijdt en de controle over het stuur verliezen of je ogen dichtknijpen en daardoor niet zien wat je doet – en een ongeluk veroorzaken en doodgaan.
- Kramp of een ander probleem in je voet krijgen, waardoor je niet meer op de rem kunt trappen.
- Dat andere mensen zich aan jouw rijstijl ergeren.
- Een sterretje in de ruit dat vervolgens je hele voorruit doet knappen.
- Slippen in de winter en dan niet weten wat te doen.
- Ruzie krijgen op de weg.
- Bepalen wanneer je een rotonde op moet als het erg druk is.

- Angst om niet naar de wc te kunnen als je zou moeten plassen.
- ....

Je kunt deze lijsten gebruiken ter inspiratie om na te denken waar jij wel of juist niet bang voor bent, zodat je gerichter aan de slag kunt met het overwinnen van je rijangst. Als je dit een lastig onderdeel vindt, kun je dit hoofdstuk ook laten lezen door een goede vriend of ouder en die vragen jou te interviewen over je angsten. Soms helpt het als iemand doorvraagt.

TIP VAN PSYCHOLOOG SABINE KLAVER

'Het is niet ongebruikelijk om opeens een gedachte te hebben als: straks draai ik mijn stuur om en rij ik van deze brug af. Dat is je brein die je waarschuwt dat je dat juist niet moet doen. Iedereen heeft wel eens zo'n waarschuwgedachte. Eigenlijk bedenkt je brein het allerergste wat er kan gebeuren en helpt je er vervolgens voor te zorgen dat je dat niet gaat doen.
Van dat soort gedachten kunnen mensen erg schrikken, maar als je heel soms zo'n gedachte hebt, dan hoef je er eigenlijk niet veel aandacht aan te besteden. Komt dit heel vaak terug en merk je dat je rijangst hebt, dan kun je daar hulp bij zoeken.
Rijangst kan eigenlijk drie verschillende soorten

oorzaken hebben: het kan een specifieke fobie zijn zoals mensen ook bang kunnen zijn voor bijvoorbeeld spinnen of liften. Het kan onderdeel zijn van een paniekstoornis. Kort gezegd: de angst voor een paniekaanval. Vaak hebben mensen die angst vooral op plekken waar ze denken niet weg te kunnen – dus ook in de auto op de snelweg. En tot slot kan het voorkomen na een ongeval, dan hebben we het eigenlijk meer over PTSS[13] of gedeeltelijke PTSS die je overhoudt aan een traumatische ervaring.'

13. Afkorting voor posttraumatische stressstoornis.

WAAROM IS ZELFVERTROUWEN OPBOUWEN BELANGRIJK?

Ik geloof dat zelfvertrouwen de sleutel is voor vrijwel alles.[14] Van beter presteren en het overwinnen van je angsten, tot een leuker mens worden en minder studie- of werkontwijkend gedrag vertonen. Wel een kleine nuance: ik heb het hier niet over overmoed, dat kan (in een auto) gevaarlijk zijn. Zelfvertrouwen gaat over steeds meer zicht krijgen op wat je wél kunt en waar je wél goed in bent. En dus ook weten waar je minder goed in bent en waar je dus extra hulp bij nodig hebt, zonder dat dat betekent dat je een slecht of dom mens bent.

Zonder rijervaring kun je nu eenmaal niet meteen weten hoe je een ingewikkeld kruispunt moet aanvliegen – dat leer je door meer ervaring op te doen. Ik geloof dat hoe

14. Ik gooi er hier even een *bold statement* tussendoor voor de vibes.

aardiger en rustiger je voor jezelf bent in je niet-rijdende leven, hoe aardiger en rustiger je voor jezelf kunt zijn als je opeens voor een ingewikkeld kruispunt staat. Zelfhaat zorgt er op zo'n moment alleen maar voor dat je al je energie richt op de dingen die je verkeerd kunt doen; je neemt dan waarschijnlijk overhaaste beslissingen omdat je bijvoorbeeld het gevoel hebt dat je mensen in de weg zit.

Zelfverzekerdheid helpt juist bij het nemen van een veilige en kalme beslissing. Als je rustig blijft, besluit je waarschijnlijk om eerst even de meest veilige en makkelijke weg in te slaan als je een kruispunt niet meteen snapt. Dan kun je daarna een plek zoeken waar je stil kunt staan om goed te bedenken hoe je wel met het kruispunt om moet gaan.

BEN IK MISSCHIEN DE UITZONDERING, DE ENIGE DIE NIET IN STAAT IS OM TE RIJDEN, MAAR DURFT NIEMAND DAT TEGEN ME TE ZEGGEN?

Ik rij mijn straat in, draai mijn stuur helemaal naar rechts en glij met mijn nieuwe fileparkeerskills de laatste parkeerplek in de straat in. Dan pak ik mijn handrem om hem omhoog te trekken, maar... fuck, de handrem staat al omhoog? Ik bevries. O nee, shit, is dit echt? Hoe kan dit? Ik heb letterlijk over de A10 gereden. Hoe heb ik dit niet kunnen merken? En dan komt misschien wel de ergste gedachte: niet weer. Dit is namelijk niet de eerste keer dat ik met de handrem erop heb gereden.

Heb ik eigenlijk wel werkende hersenen? Ik schaam me dood en haat mezelf. Hoe kan ik dit nou niet gemerkt hebben? En dan komt de gedachte die de bron is van mijn rijangst: mijn hersenen zijn klaarblijkelijk niet goed genoeg om een auto te kunnen besturen. Ik voel me ook schuldig naar mijn ouders omdat het immers hun auto is en dit kan niet goed zijn voor de remmen. Wat nou als de auto hierdoor vannacht ontploft[15] – dan is dat helemaal mijn schuld.

Ik research (lees: googel) bibberig *wat is het ergste wat er kan gebeuren als je met je handrem erop rijdt?* De fora waar ik op terechtkom staan boordevol berichten die ongeveer zo gaan: 'De handrem erop en eraf halen is iets wat bij mij automatisch gaat. Je bent echt een malloot als jij dat niet automatisch doet.'

Ik zak nog iets verder door de grond. Hoewel ik me schaam voor mijn gedrag, is de angst groter dat de auto ontploft dus ik bel mijn alwetende vader.

Tuut tuut tuut.

'Met Arnoud.'

'Met Titia.'

'Wat leuk! Hoe gaat het?'

'Goed, pap, maar niet schrikken, ik heb denk ik net echt een heel stuk met de handrem erop gereden.'

---

15. Zie mijn angstenlijstje.

Mijn vader lacht. 'Haha, oké.'

'Echt een lang stuk, ik durf het bijna niet te zeggen maar ik heb zelfs over de A10 gereden. Ik voelde het echt niet dat de handrem er de hele tijd op zat,' probeer ik mezelf nog te verdedigen, hoewel mijn vader niet erg geschrokken lijkt. 'Hoe erg is dit?'

Mijn vader vraagt me even te voelen of de achterwielen warm zijn; als dat zo is dan heb ik inderdaad met de handrem erop gereden. Daarna vraagt hij me de voorwielen te voelen.

'Die zijn koud.'

'Nou, dan is er waarschijnlijk niks aan de hand.'

Hij legt me uit dat de handrem een ander remblok heeft dan de remmen die je gebruikt tijdens het rijden, dus die zijn in elk geval niet kapot. De handrem gebruik je vooral als je wilt parkeren op een helling zodat de auto niet naar achteren rolt en/of als extra beveiliging tegen diefstal.[16]

Bovenstaande situatie is niet het enige moment geweest waarop ik me afvroeg of ik überhaupt wel geschikt was om te rijden. Daar vergat ik de handrem eraf te halen, maar ik heb ook regelmatig gedacht: kan ik wel lang genoeg opletten? Ik vroeg me regelmatig af of ik de enige persoon ter

---

16. Toen mijn auto een halfjaar later een grote beurt kreeg bij de garage, heb ik ze nog gevraagd om ook goed naar de handrem te kijken. Je gelooft het bijna niet, maar ik kreeg terug dat er niks mis was met de handrem. Niet te breken, die meid!

wereld was van wie de hersenen gewoon niet geschikt zijn om te rijden; waren ze dat bij het CBR gewoon helemaal vergeten te checken, en durfden mijn vrienden het niet tegen me te zeggen omdat ze me niet nog onzekerder wilden maken?[17] Terwijl ik bezig was met de voorbereidingen van de tweede versie van dit rijangstboek, kwam ik er namelijk achter dat er gewoon een procedure is binnen het CBR om de mensen die ongeschikt zijn om te rijden eruit te pikken. Tijdens het aanvragen, verlengen of de uitbreiding van het rijbewijs wordt er namelijk aan iedereen gevraagd een gezondheidsverklaring in te vullen en te ondertekenen. Tijdens het invullen van de verklaring worden je heel veel vragen gesteld over je fysieke en mentale gezondheid, zoals: 'Kunt u uw arm, hand of vingers door een beperking slecht gebruiken?' of: 'Hebt u AD(H)D?'

Na het invullen van de verklaring (kosten 41,50 euro) beoordeelt het CBR of je geschikt bent om te rijden of dat ze nog extra bewijs van je willen. Het extra bewijs kan bestaan uit medische keuringen bij specialisten zoals neurologen of psychiaters. Je moet daarvan de kosten wel zelf dokken en die zijn al snel hoger dan 250 euro. Dat is dus geen pretje. Ook kan het zijn dat je vervolgens gevraagd wordt een extra rijtest te doen om te kijken hoeveel invloed de symptomen van je aandoening op je rijvaardigheid hebben.

---

17. Als het CBR meeleest: inmiddels ben ik helemaal van deze onzekerheid af, ik ben volkomen geschikt om te rijden.

Daar zijn voor zover ik weet geen extra kosten aan verbonden behalve dat je zelf een auto moet regelen en naar de locatie toe moet komen.[18]

Of je wel of niet toevallig de enige ter wereld bent die eigenlijk niet kan rijden maar wel een rijbewijs heeft, kan ik niet bepalen. Wat ik wel kan zeggen, is dat je in elk geval niet de enige bent met die gedachte, maar bedenk dan dat het hele proces van rijlessen en rijexamen doen, inclusief die gezondheidsverklaring, juist bedacht is zodat er geen mensen achter het stuur kruipen die ongeschikt zijn. Mocht de angst om ongeschikt te zijn je toch erg dwarszitten, dan zou je een les kunnen boeken en de dingen waar je onzeker over bent bespreken met de rijleraar.

---

18. Ik zou hoofdstukken vol kunnen schrijven over wat ik allemaal heb uitgevonden over de gezondheidsverklaring van het CBR, maar daar is dit het juiste boek niet voor. Mocht je een medische aandoening hebben en je rijbewijs nog moeten aanvragen, verlengen of uitbreiden, dan zou ik je wel aanraden om even in je zoekbalk te zoeken naar: 'Aafke Romeijn gezondheidsverklaring'. En om de afleveringen van *BOOS* over het CBR te kijken op YouTube.

KATHARINA HEEFT ADD EN RIJANGST

Katharina (28) woont in Amsterdam en is journalist. Ze heeft 5 jaar niet gereden en heeft ADD, waardoor ze bang is om de controle kwijt te raken. Sinds anderhalf jaar rijdt ze weer, in de auto van haar vriend, bijvoorbeeld tijdens vakanties of als ze buiten de stad ergens willen gaan wandelen.

Rijbewijs halen

Mijn moeder is van de generatie die een rijbewijs als ultieme vrijheid zag, dus zij vond het belangrijk dat ik het haalde. Ik had er eigenlijk geen zin in, maar ging op mijn negentiende toch lessen. Helaas vond ik de rijlessen niet leuk en de lesperiode duurde erg lang, vooral omdat die een paar keer werd onderbroken door onder andere studiestress en de ziekte van Pfeiffer.

Opvallend was dat ik tijdens de rijlessen nog niet echt angstig was. Dit komt denk ik ook omdat ik me duizendmiljoen keer veiliger voel als er iemand naast me zit. Zo'n rijinstructeur zou bijvoorbeeld kunnen remmen, waardoor ik niet de hoofdverantwoordelijke was, en dat zorgde voor rust.

Ik kreeg eerst les van een mierenneuker, hij ging in op elk detail en gaf de hele tijd aan wat er allemaal fout ging. Daardoor raakte ik volledig uit mijn focus. Vervolgens heb ik een nieuwe rijinstructeur gezocht en kreeg ik iemand die afwachtender was en mij het zelf liet uitzoeken. Dit gaf me veel meer zelfvertrouwen. Nu vertel ik ook aan mijn vrienden die nog willen gaan lessen: zoek iemand die er niet zo extreem bovenop zit. Neem iemand die jou de ruimte geeft om te leren, die jou de verantwoordelijkheid geeft om het eerst te proberen en eventueel te falen. Ik vind dat je tijdens het lessen de kans moet krijgen om te falen of een foutje te maken, zonder dat het meteen een probleem is.

Helaas ben ik niet in één keer geslaagd: na drie keer examen doen haalde ik mijn rijbewijs.

ADD en rijangst

In 2021 kreeg ik officieel de diagnose ADD, maar tijdens mijn rijlessen wist ik dat nog niet. Door mijn ADD heb ik elke dag dingen niet onder controle, wat ervoor zorgt dat ik vaak het gevoel heb dat ik faal. Als ik bijvoorbeeld op een bepaalde tijd op wil staan, dan lukt dat niet. Of ik moet een deadline halen voor mijn werk, maar ik geef mezelf steeds meer extra tijd. Daardoor ben ik steeds banger dat ik de deadline niet haal en groeit dus de faalangst – en dat knaagt aan mijn zelfvertrouwen. Autorijden is voor mij een ultiem voorbeeld, omdat ik denk: het moet goed gaan, want anders is er een heel concrete kans op gevaar of een ongeluk. Dit zorgt voor extra angst.

Ik denk niet dat het had geholpen als ik tijdens het lessen al had geweten dat ik ADD heb. Als ik speciale lessen had gevolgd, zou dat voor mij te veel nadruk op de diagnose hebben gelegd. Alsof ik niet als een normaal persoon de weg op mag, wat mij juist onzekerder zou hebben gemaakt.

Ook is er bij ADD en ADHD vaak sprake van comorbiditeit,[19] bijvoorbeeld een angststoornis of depressie. Het zou kunnen dat mijn rijangst daar onderdeel van is, maar ik heb daar nooit onderzoek naar gedaan.

Uiteindelijk denk ik dat rijangst het resultaat is van heel veel dingen. Naast mijn ADD heeft mijn moeder ook mijn hele leven gezegd dat ik moet oppassen in het verkeer, waardoor ze me heel bang heeft gemaakt. Voor mij is rijangst een puzzel van meerdere stukjes.

Hoe voelt de rijangst?

Mijn rijangst is eigenlijk hetzelfde als het uitstelgedrag dat ik op andere vlakken ervaar. Ik heb dan het gevoel dat ik iets niet wil doen, zoals rijden, en dan doe ik het ook niet. Net als dat ik nu naar mijn scherm staar en het me niet lukt om te schrijven. Er zit geen redenering achter, er zijn geen gedachten of analyses. Ik voel gewoon heel sterk: 'Dit wil ik niet', en dan breng ik dat gevoel eigenlijk meteen in de praktijk. Met rijden had ik dat ook, en het kost me dan heel veel moeite om te denken: waarom voel ik dit? Of: waarom wil ik niet gaan rijden? Ik heb daar in therapie

19. Comorbiditeit betekent dat je één of meer (chronische) aandoeningen hebt naast de hoofddiagnose, waar de meeste aandacht naar uitgaat.

aan gewerkt, daarom snap ik er wat meer van, maar het blijft lastig.

Rijangst overwinnen met een rijleraar

Door mijn rijangst heb ik een periode van vijf jaar helemaal niet gereden. Het viel niet erg op, omdat ik in de stad woon en het niet echt nodig was. Pas als ik op vakantie ging met vrienden werd het duidelijk; ik zat alleen maar achter in de auto en draaide niet mee in het rijschema, terwijl ik wel een rijbewijs had. Dan voelde ik me echt een beetje een oen. Ik wilde dan wel rijden net zoals de rest, maar het ging gewoon niet. Ik zei dan dat ik het niet wilde en gaf verder geen uitleg.

Op een gegeven moment ging het me dwarszitten dat ik niet kon rijden. Zo ging ik een keer met vrienden op vakantie met de auto van mijn ouders, maar ik durfde niet te rijden dus iemand anders moest de auto ophalen. Zelfs die dertig minuutjes vanaf mijn ouderlijk huis lukten niet. Dat was gewoon kut (en onhandig). Daarom ben ik tijdens die vakantie een keer achter het stuur gaan zitten, maar ik wist niet eens meer met welk pedaal ik gas moest geven of waar de koppeling zat. Geen bemoedigend gevoel; ik had niet eens de weg op gekund als ik het had gewild.

Mede dankzij dit moment kreeg ik heel sterk het verlangen weer te kunnen rijden. Het duurde vervolgens eventjes voordat ik er echt wat mee ging doen, maar in 2020 besloot ik dan eindelijk lessen te nemen om over de angst heen te komen. De eerste keer had ik gegoogeld naar 'opfriscursus': rijlessen die je kunt nemen als je je rijbewijs al hebt maar eventjes niet gereden hebt. De lessen die ik toen kreeg, voelden als 'normale' rijlessen.

Door de pandemie had ik vervolgens een tijdje geen les, maar toen dat weer kon, heb ik contact met iemand gezocht bij wie veel van mijn vrienden afgereden hadden. Het was een gezellige Amsterdammer, en dat werkte goed voor mij. Ik had sinds mijn rijbewijs heel weinig in een schakelauto gezeten, en was erg onzeker geworden over het schakelen. Ik dacht af en toe ook dat ik het niet meer zou kunnen, maar in zijn les kwam ik erachter dat het geen enkel probleem was. Dat was goed voor mijn zelfvertrouwen. De instructeur zei na twee lessen droog: 'Wat mij betreft kun je weer gewoon de weg op,' en ik was het daar eigenlijk helemaal mee eens.

Trouwens, een tip tussendoor: veel rijlesauto's zijn dieselauto's, en die slaan minder snel af dan benzineauto's. De motor is tijdens de lessen nul keer afgeslagen, terwijl ik vijf jaar niet had gereden, dus oefenen in een lesauto was ook een boost voor mijn zelfverzekerdheid.

Afsla-angst

Ik was bang dat mijn auto voor een stoplicht af zou slaan, waardoor mensen ongeduldig zouden gaan toeteren. Ik denk dat ik bang was voor de schaamte. Mijn afsla-angst was er vooral toen ik weer ging proberen te rijden. Nu heb ik er gelukkig veel minder last van, hoewel ik nog steeds een beetje gespannen voor een stoplicht kan staan.

Ik zei van alles tegen mezelf om die angst tegen te gaan: 'Het is niet erg als de motor afslaat, ook al moeten de mensen achter mij tien minuten wachten,' of: 'Niemand gaat dood en er is niks aan de hand.' Inmiddels heb ik geen afsla-angst meer omdat ik weet dat ik de motor vrij snel weer kan starten: drie seconden later heb ik het ding weer aan de praat.

Hulp vragen

Ik heb gemerkt dat rijangst een vrij toegankelijke angst is en in mijn omgeving vonden veel mensen het dan ook erg leuk om te helpen, zoals mijn vader en vrienden. Mensen moeten alleen wel weten dat je ermee bezig bent, dus vraag die hulp gewoon. Ik reed bijvoorbeeld al heel lang niet meer, en dan beginnen ze er niet uit zichzelf over.

Alleen rijden

Na die lessen kwamen er ineens andere hindernissen, zoals in mijn eentje rijden. Nog tot driekwart jaar daarna heb ik alleen maar gereden als er iemand naast me zat, maar ondertussen kan ik het gelukkig ook alleen. Ik zorg er dan wel voor dat ik uitgeslapen ben, en ik herinner mezelf er altijd aan dat ik het ook kon toen er iemand naast me zat.

Tips voor anderen

Onderschat het proces om de angst te overwinnen niet, zorg dat je uitgerust bent en dat je pauzes neemt. Je hoeft niet meteen alles te kunnen of durven; ik ging ook niet gelijk in mijn eentje de snelweg op. Bouw het op in stapjes en neem andere mensen mee in het proces. Een opfriscursus kan helpen, maar je kunt ook normale rijlessen nemen. En dan de dooddoener: blijf lekker veel rijden, want anders bouwt de angst zich weer op. Het kan helpen als je andere mensen laat weten dat je het vermijdt, zodat ze je af en toe een schop onder je kont kunnen geven. Het hielp mij overigens ook dat ik een relatie kreeg met iemand die een auto heeft, dus ook dat zou ik aanraden, haha.

Lekker roadtrippen

Ik vind rijden nu oprecht soms best leuk. Je komt bijvoorbeeld als je met iemand op pad gaat veel verder, omdat je elkaar kunt afwisselen. Ga dus lekker roadtrippen! Los daarvan is het ook gewoon hartstikke handig dat je de weg op kunt.

Het eronder krijgen van de angst zelf was ook een bijzondere ervaring. Ik maakte er filmpjes van en stuurde die naar vrienden; iedereen reageerde erg lief. Het is nu eenmaal leuk om je overwinningen te delen.

IS HET RAAR OM IN THERAPIE TE GAAN?

Als je rijangst is gekomen na een traumatische auto-ervaring, of als je voor meer dingen overmatig bang bent, kan het helpen om psychische hulp hiervoor te zoeken. Misschien voelt het voor jou als aanstellerij om voor je rijangst in therapie te gaan, maar dat is het niet. Als ik één ding heb geleerd van (groeps)therapie, is het dat juist kleinere of basale problemen, dingen als 'Het lukt me niet mijn huiswerk te maken' of 'Ik ben altijd bang dat ik de deur niet op slot heb gedaan' heel waardevol zijn om te bespreken tijdens therapie. En dus ook: 'Ik ben bang om te rijden en ik weet niet waarom.'

Het kan zelfs zijn – maar het hoeft niet – dat er een groter gevoel achter je angst schuilgaat, waar je eerder je vinger niet op kon leggen. Als je met dat grotere gevoel aan de slag gaat, zullen veel andere dingen in je leven misschien ook op hun plek vallen.

TIP VAN PSYCHOLOOG SABINE KLAVER

'Als bepaalde klachten je dagelijks leven belemmeren, is dat altijd al genoeg reden om in therapie te gaan. Voor een knieblessure ga je ook gewoon naar een fysio, dus voor rijangst kun je naar een psycholoog.

Ga eerst naar je huisarts; die stuurt je vervolgens door naar een psycholoog of naar de praktijkondersteuner geestelijke gezondheid. Soms kan die je al best goed helpen, maar anders wordt er gekeken waar je dan het beste terechtkunt.

Eerder vertelde ik dat de angst verschillende oorzaken kan hebben. Maar soms is rijangst gewoon rijangst en omdat angst zich verspreidt als een olievlek, wordt het een steeds groter probleem. Dan ben je bijvoorbeeld eerst alleen bang voor de snelweg en na een tijdje opeens ook voor autorijden binnen de bebouwde kom. Ook dan kan therapie helpen. Die bestaat bijna altijd voor een deel uit exposure (dus juist wel of meer rijden). Bij angst vanuit een trauma, bijvoorbeeld door een ongeluk, kan EMDR een onderdeel zijn.'

TIJD MAKEN

Ik was ondertussen zover dat ik wist dat vaker rijden me enorm zou gaan helpen, maar hoe zorgde ik ervoor dat ik de angst niet liet winnen elke keer als ik de auto in wilde stappen? De hele tijd je angst onder ogen moeten komen is dodelijk vermoeiend, en ik had wel wat beters te doen. Dus hoe kon ik ervoor zorgen dat ik zin kon maken, of dat ik op z'n minst zou doorzetten?

Naast het specificeren van de angst was er iets anders heel belangrijks wat me hierbij geholpen heeft: ik besloot dat het aanpakken van mijn rijangst mijn prioriteit ging zijn. In de periode dat de Frika zou komen heb ik geen nieuwe klussen aangenomen, zodat ik me ongeveer een maand ongestoord zou kunnen storten op het overwinnen van de rijangst.

Ik snap dat deze luxe niet voor iedereen is weggelegd. Ik ben kinderloos (hoewel, ik heb een kat die zo nu en dan wegloopt), ik werk als zzp'er en heb een lage levensstandaard als het gaat om geld uitgeven aan andere dingen. Als dit voor jou niet het geval is (bijvoorbeeld als je een druk gezinsleven hebt), kun je misschien op andere manieren tijd vrijmaken. Misschien lukt het je wel om af te spreken dat de komende tijd de maandagavond jouw autoavond is. Of misschien heb je geen kinderen maar ben je je de hele dag aan het uitsloven voor je werk. Dan zou je kunnen kijken of je tijdelijk een halve middag vrij kunt nemen van je werk.[20] Iedereen heeft andere obstakels, maar ook andere mogelijkheden. Probeer in elk geval iets te verzinnen wat jou kan helpen meer tijd en rust in je hoofd te hebben voor dit proces.

Een duidelijk plan kan ook belangrijk zijn. Eentje waarbij je de tijd voor het rijden neemt en die tijd heilig maakt. Het is bij dingen waar je bang voor bent namelijk erg makkelijk om te verzuimen: alles kan ineens een goed excuus lijken om niet te gaan rijden. Een kind dat geholpen moet worden met huiswerk, een collega die jou nu even nodig heeft of (dit is er eentje van mij) dat je nét even te moe bent van andere dingen om nu met je rijangst bezig te zijn. Een duidelijk plan kan je helpen je voornemens als prioriteit te blijven zien.

---

20. Ik weet dat dit soort dingen niet altijd even makkelijk zijn. Maar wie niet waagt, die niet wint.

DE FRIKA NAAR AMSTERDAM HALEN

De Frika stond tot dit deel van mijn rijangstsaga nog in Bennekom te wachten tot ik mijn parkeervergunning kreeg. We werden allebei steeds ongeduldiger; nu ik al mijn angsten had onderzocht, wilde ik wel beginnen.

In de Facebook-groep van het stadsdeel waar ik woon werd toevallig net uitgebreid gesproken over alternatieve manieren om je auto te parkeren als je geen parkeervergunning hebt. Iemand had geantwoord met de briljante oplossing van de P+R-parkeerplekken: op meerdere plekken aan de rand van de stad zijn parkeergarages, met een goede ov-aansluiting naar het centrum, waar je je auto voor 1 euro per dag kunt parkeren. Dit moet ervoor zorgen dat dagjesmensen en toeristen zo min mogelijk met hun auto het centrum in komen. Om de parkeerkorting te krijgen, moet je wel in het centrum ergens inchecken met je ov-pas, wat vervolgens door de betaalautomaat wordt gecheckt.

Het was voor mij best een goede oplossing bij gebrek aan

een parkeervergunning. Ik moest nu alleen wel de hele tijd naar een tramhalte verder weg fietsen om mijn auto op te halen, maar soit. Er was één obstakel: de Frika stond in Bennekom en ik durfde (nog steeds) niet in mijn eentje de snelweg op. Ik moest dus de schaamte voor mijn rijangst opzijzetten om mijn broer (die ook in Amsterdam woont) te vragen met de trein naar Bennekom te gaan, om vervolgens met mij in de Frika terug te rijden. Het liefst voor het donker, want hij woont helemaal aan de andere kant van Amsterdam en ik zou nadat ik hem had afgezet nog in mijn eentje naar de P+R moeten rijden.

En dan komen we bij nóg een andere angst: parkeergarageangst. Vooral voor parkeergarages die ik niet kende. Ik was nog nooit in de P+R geweest waarin ik de Frika zou parkeren, dus dat alleen al was genoeg voor twee slapeloze nachten. *Wat als ik niet weet wat ik moet doen als ik daar binnenkom? Hoe weet het hek dat ik ervoor sta, gaat het wel open? Straks rij ik per ongeluk tegen de richting in en moet ik al hellingproevend naar beneden. Wat als ik niet snap wat de P+R is? Wat als ze heel kleine parkeervakjes hebben? Help. Wat als mijn auto ontploft in de garage omdat ik niet weet hoe auto's werken?*

Niels (broer)

Ik besloot te voet de autoroute naar de parkeergarage te verkennen om te zien of er stukken eenrichtingsverkeer zijn en hoe andere mensen de garage in rijden. Helaas stopte deze strategie voor de deur van de parkeergarage, want zonder auto kon ik niet naar binnen. Gelukkig hielp het kijken naar andere automobilisten die de garage in reden tegen mijn grootste onzekerheid: *Gaat dat hek gewoon open als ik ervoor ga staan?*

De dag voor ik de Frika op ging halen, heb ik dit proces helemaal herhaald. Niet dat het mij iets anders leerde; ik was gewoon mijn angst een beetje aan het geruststellen. Maar het heeft mij enorm geholpen om mezelf in het begin alles toe te staan wat nodig was om mijn zelfopgelegde opdrachten uit te voeren.

Mijn broer met de trein mee naar Bennekom krijgen ging vrij makkelijk: 'Laten we gaan eten bij pap en mam.' Alleen op tijd naar huis gaan was wat moeilijker. Dat eten was natuurlijk een goede manier om hem over te halen, maar tijdens het eten was niemand op de tijd aan het letten. Niemand behalve ik: ik was per minuut aan het uitrekenen hoe laat we thuis zouden zijn en hoe donker het dan zou zijn. Dus toen iedereen nog uitgebreid koffie wilde drinken, heb ik toch piepend een grens gesteld: we moesten nu echt terug naar Amsterdam.

De koffie werd haastig opgedronken en ik bonjourde mijn broer de auto in, zo de A12 op, richting Amsterdam. Nadat ik mijn broer thuis had afgezet, moest ik in mijn eentje door de stad naar huis rijden. Hoewel ik er zelf alles aan had gedaan (lees: elke twee minuten paniekerig op de klok kijken) was het inmiddels alsnog BEHOORLIJK DONKER. Ik vind alles in het donker enger. Ik ben echt een meisje van de zon en het licht. Gelukkig had ik er al een hele rit op zitten en was ik daardoor gesterkt in mijn rijkunsten; de rit van Amsterdam-Oost naar -West ging uitzonderlijk goed! Het was inmiddels al laat, dus ik kon mijn auto gratis voor de deur parkeren en het parkeergarageavontuur bewaren voor de volgende dag.

FOUTEN MAKEN

De volgende ochtend bracht ik met bibberende knietjes de auto naar de gevreesde P+R.[21] De route naar de garage had ik al drie keer te voet afgelegd terwijl ik in gedachten had gedaan alsof ik een auto was, dus dat ging redelijk goed. Eenmaal door het extreem intimiderende hek van de parkeergarage kon ik kiezen tussen beneden parkeren, waar tien parkeerplekken vrij waren, of boven, waar er zo'n driehonderd lege vakken op mij lagen te wachten.

Dit leek te mooi om waar te zijn, maar ik zag ook nergens een indicatie van waarom boven parkeren fout zou zijn, dus koos ik uiteraard voor boven – duidelijk de minder stressvolle optie. Er stond inmiddels ook al een andere auto achter me te wachten, paniek, dus ik reed de eerste de beste makkelijke parkeerplaats in die ik zag.

Gelukkig deel ik veel te veel op mijn Instagram, want

21. Op mijn hoogtepunten op mijn Instagram kun je dit hele hysterische parkeerevent terugkijken. Ik was hysterisch, het event vrij rustig.

toen ik thuiskwam las ik in mijn berichten dat het inderdaad te mooi was geweest om waar te zijn: de plekken boven waren voor mensen die even snel boodschappen bij de supermarkten wilden halen – en daar betaalde je dan ook *per uur* voor. Alleen beneden waren de beroemde P+R-plekken.

(Je vraagt je misschien af waarom je dit schijnbaar saaie parkeerverhaal aan het lezen bent. Nou, dit is het onderdeel waarin ik vertel dat ik dus hysterisch was dat er iets fout zou gaan met het parkeren, zo hysterisch dat ik twee keer (drie als ik niet lieg) te voet het terrein heb verkend, maar het uiteindelijk alsnog fout heb gedaan.)

Toen ik daarachter kwam, gebeurde er natuurlijk helemaal niks ergs. Vaak is de angst voor wat er kan gebeuren erger dan wat er daadwerkelijk fout gaat. Mijn angst was geweest dat ik in de parkeergarage aan zou komen en dat ik niet zou snappen wat ik moest doen. Ik was bang om geen overzicht te hebben, en dat zorgde bij mij voor paniek. Maar het was me gelukt om in de garage rustig te blijven en om met mijn gezonde verstand na te denken. En ook al stond ik nu alsnog verkeerd, ik had wel een veilige keuze gemaakt.

Wat mij logisch leek, week maar een klein stukje af van wat meneer P+R had bedacht. Deze fout zorgde niet voor een grotere angst om het fout te doen – 'Zie je nou wel, je dacht dat het parkeren fout zou gaan, je hebt drie keer de garage verkend, en alsnog is het fout gegaan' – maar juist voor een groei in mijn zelfvertrouwen als veilige, betrouwbare automobilist: 'Zelfs als je het systeem van meneer P+R niet helemaal begrijpt, lukt het je om rustig te blijven en maak je goede, veilige keuzes.'

Het enige wat deze fout me gekost heeft, is 5 euro en een uurtje extra omdat ik weer terug moest om de fout op te lossen. In het allerergste geval was ik er pas dagen later achter gekomen en had het me 100 euro gekost. Dat was superkut geweest, maar er was hoe dan ook niemand gewond geraakt.

EEN GOEDGEVULDE AUTO

Op een dag leende mijn broer de Frika en bij het teruggeven van de sleutels zei hij: 'O, trouwens, een van de achterlichten is stuk, die moet je even vervangen. Erg makkelijk, dat kun je prima zelf,' en dat hij haast had en weer weg moest.
Ik vroeg me af waarom hij het niet even had gedaan als het zo makkelijk was. Dus ik reageerde zoiets van: 'Uh, oké. Kan ik niet gewoon naar de garage?' Hij antwoordde: 'Het is echt heel makkelijk, vraag maar aan Arnoud.'
Dus ik belde braaf, en zoals jullie van mij gewend zijn, meteen mijn vader. Die herhaalde inderdaad dat het erg makkelijk is en dat hij zelfs al in de achterbak een doosje met reservelampjes voor me had klaargelegd.
Opeens realiseerde ik me dat eigenlijk alles wat ik de afgelopen tijd nodig had gehad al in mijn auto had gelegen. En dat er dus geen kaboutertjes waren geweest die daarvoor hadden gezorgd, maar mijn vader.
Voor alle mensen die geen ouder hebben die een overlevingspakket in hun auto heeft gelegd, heb ik hier

een lijstje met attributen die altijd handig zijn om bij je te hebben – uiteraard opgesteld in samenwerking met mijn vader:

- Zonnebril (eventueel op sterkte), en als je een bril of lenzen hebt een reservebril. Goed zicht is natuurlijk alles.
- Paraplu. Handig voor als je zonder jas de auto in bent gestapt.
- Veiligheidshesjes, gevarendriehoek en EHBO-doos. In Nederland niet verplicht maar wel goed om te hebben.
- Reservelampjes en een schroevendraaier of ander gereedschap dat je voor vervanging nodig hebt. Niet verplicht, maar als je door de politie aan de kant wordt gezet omdat je lamp het niet doet, kun je vaak een boete voorkomen als je hem meteen vervangt. Bij de meeste auto's is dit vrij simpel. Reservelampjes kosten rond de 2 euro bij de Action en langs de weg zijn ze zo 10 euro. Bij sommige auto's kun je het lampje niet zelf vervangen en dan moet je het bij een garage laten doen.
- Een reserveband. Je weet maar nooit.
- Een tientje cash voor benzine of andere toevallige situaties waarin je opeens cash nodig hebt. Zoals

het omkopen van de politie als je lampen het niet doen en het je niet zelf lukt die te vervangen.[22]

- Vochtige doekjes. Soms wordt er iets geknoeid en ik vind het altijd te veel moeite om even naar binnen te gaan voor een nat doekje. Op deze manier kan ik vieze dingen meteen wegvegen. O, en er zit ook regelmatig vogelkak op mijn auto.
- IJskrabbertje. Voor als je ruiten bevroren zijn.
- Europees schadeformulier. Zo kun je als je toch verzeild raakt in een ongeluk of klein botsinkje, alle details meteen samen met de andere partij invullen en voorkom je dat er later andere dingen worden beweerd.
- Doekje en ruitenwisser. Heerlijk om een beslagen ruit weer schoon te maken.
- Blaastest (in Frankrijk verplicht).
- Start- en sleepkabel. Voor jezelf, maar ook om medeautomobilisten in geval van nood uit de brand te redden.
- Een fles motorolie. Tijdens rijles leer je hoe je checkt of het oliepeil nog in orde is; bijvullen is heel eenvoudig.

22. Grapje natuurlijk.

- Blauwe parkeerschijf. Een parkeerschijfzone herken je aan de blauwe lijn langs de stoeprand en het verkeersbord E10, waar de maximale parkeertijd op staat.

O ja, en trouwens: ik heb uiteindelijk zelf mijn lampje vervangen met behulp van een YouTube-tutorial en ja, het was best makkelijk en ja, ik voelde me een hotte meid toen het me gelukt was.

DE LAT OP EEN ANGSTVRIJE PLEK LEGGEN

Nu de Frika in Amsterdam was, kon de bootcamp echt beginnen. Ik had met mezelf afgesproken dat de enige prioriteit in mijn leven voor die komende dagen was 'om elke dag iets met de auto te doen'. Voor mij was dit een belangrijke beslissing. Ik was namelijk snel geneigd om mijn vermoeidheid of stressvolle dag te 'gebruiken' als reden om niet van mezelf te hoeven rijden.

Zoals je vroeger pas mocht gaan gamen als je huiswerk af was, zo moest ik eerst mijn rijtaakje doen voor ik me om andere dingen druk mocht maken. Hierdoor was er heel veel minder stress en druk, en dat zorgde ervoor dat ik minder zelfkritische gedachten had. Als ik vijf uur nodig had om de moed op te brengen om naar een tankstation te rijden, dan was dat voor mij geen probleem.

DOEN WAT JE WÉL DURFT

Wat voor mij heel erg heeft gewerkt, is niet streng zijn voor mezelf op 'hoe' ik iets wilde doen – zolang ik het maar deed. Zoals die eerste keer met de Car2Go, toen ik van mezelf alleen maar in de auto hoefde te gaan zitten. Dat heeft ervoor gezorgd dat ik überhaupt naar die auto durfde te gaan.

Het is voor het begin van het proces heel belangrijk om je kortetermijndoelen zo haalbaar mogelijk te houden. Je hebt nou eenmaal een (vaak) irreële angst, en zoals je hebt gemerkt werkt 'gewoon lekker veel rijden' niet als tactiek. Als jij iemand bent die hiervan juist laks wordt, kun je natuurlijk altijd iemand (een positieve vriend of kennis die ervan houdt zich met mensen te bemoeien) vragen om je ontwijkgedrag uit te dagen. Mijn advies voor iedereen zou dan ook zijn: doe elke dag of om de dag (of als je weinig tijd hebt, één keer per week) iets wat je wél durft met een auto, en breid vanuit daar verder uit.

Mijn grootste angst was ondertussen 'de snelweg' geworden. Of excuseer, dat is dus niet waar. Mijn angst was 'dat ik geen overzicht zou hebben op de snelweg'. Want zoals ik eerder beschreef is bang zijn voor 'de snelweg' veel minder concreet dan 'geen overzicht hebben op de snelweg'.[23]

Hiernaast was ik ook niet zelfverzekerd op alle andere wegen, maar ik durfde daar wél te rijden. Dus ik zette mijn navigatiesysteem op 'snelwegen vermijden' en plande ritjes naar vrienden in de buurt. Zo wilde ik een ritje maken naar mijn vriendin Anne. Zij woont op veertig minuten rijden, via een route waarvan ik wist dat het ook binnendoor kon – al zou dat wel wat langer duren. De eerste keer dat ik deze rit probeerde te maken, ben ik na een halfuur omgedraaid omdat ik al een aantal maal fout was gereden en ik het wel weer genoeg spanning vond voor die dag. De tweede keer ging alles beter en kwam ik gespannen aan, maar ik kwam aan. Wat een overwinning!

Door al deze ritjes binnendoor kwam ik erachter dat leren luisteren naar een navigatiesysteem zoals Google Maps een vak apart is, en iets wat ik tijdens mijn rijlessen helemaal niet geleerd heb. In het begin gingen sommige

23. Probeer dus regelmatig na te denken over je angsten. Kloppen ze nog wel? Of kun je het beeld van je angsten bijstellen? Voor al die specifieke problemen kun je misschien wel los van elkaar een oplossing vinden.

dingen helemaal fout. Zoals dat eerste ritje naar Anne. Maar ik reed toch alleen nog maar op plekken en op momenten waarop dat niet erg was, dus dat maakte helemaal niet uit. Toen ik eenmaal de 'taal' van mijn navigatiesysteem onder de knie had, gaf dat me juist weer extra zelfverzekerdheid om op plekken te rijden die ik nog niet kende. Sterker nog, omdat ik op een gegeven moment echt begreep hoe mijn navigatie werkte, durfde ik er ook mee de snelweg op. Het voelde een beetje alsof ik een expert naast me had zitten die me altijd uit de brand kon helpen als ik het even niet meer wist. Mijn vader is eigenlijk vervangen door mijn navigatiesysteem.

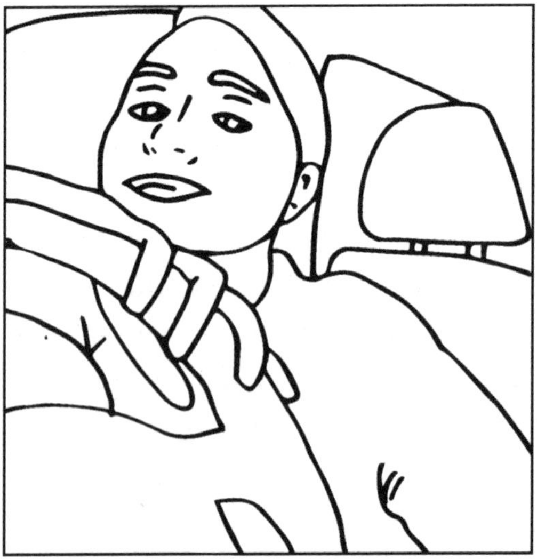

KRISTEN HEEFT AUTISME EN RIJANGST

Kristen (29) woont in Arnhem en is een diëtist die mensen coacht naar een intuïtieve eetstijl. Ze heeft autisme[24] *en ervoer na haar rijlessen veel angst voor en tijdens het rijden. Ze heeft zelf geen auto, maar rijdt sinds een jaar weer ontspannen in de auto van haar vriend.*

Bezweet terugkomen van een les

De eerste twee of drie lessen vond ik heel leuk. Dan doe je nog kleine dingetjes: je gaat straatjes door, leert gas geven, remmen en schakelen. Het werd pas spannend voor me zodra we de grotere wegen opgingen. In een van de lessen reden we op de snelweg en werd ik op een rare manier afgesneden door een auto, waardoor mijn instructeur moest ingrijpen. Vanaf dat moment heb ik me tijdens de rijlessen nooit meer relaxed gevoeld.

Voor een rijles kon ik wel een hele dag met buikpijn op de wc zitten. Ik dacht er dan over na wat we allemaal gingen doen in de les. 'Wat als we de snelweg opgaan?' 'Wat als ik weer midden in het centrum moet fileparkeren?' Daar zag ik enorm tegen op, omdat ik bang was dat het me meerdere pogingen zou kosten en dat ik tijdens die pogingen ook nog

---

24. Ik ben me bewust van de uiteenlopende voorkeuren tussen de termen 'autisme hebben' en 'autistisch zijn'. In overleg met Kristen gebruiken we de term 'autisme hebben'.

eens heel nerveus zou zijn. Van tevoren kon ik er dus urenlang over malen en als ik thuiskwam van zo'n les, was ik nat van het zweet.

Autisme en prikkelverwerking

Mijn autismediagnose kreeg ik toen ik al begonnen was met mijn rijlessen en ik ben, ook toen niet, nooit op zoek gegaan naar speciale begeleiding. Achteraf gezien denk ik wel dat het veel verschil had gemaakt; doordat ik autisme heb, werkt mijn prikkelverwerking anders. Dat merk ik bijvoorbeeld als ik nieuwe dingen ga doen en veel nieuwe informatie binnenkrijg. Tijdens die rijlessen moet je theorie leren, er zijn verkeersborden waar je op moet letten, je moet handelingen onder de knie krijgen, en dan is er ook nog een rijinstructeur die de hele tijd tegen je aan het praten is.

Al die dingen bij elkaar waren heel moeilijk om te verwerken. Ik merkte dat vooral omdat het me tijdens de lessen veel moeite kostte om op grapjes te reageren of iets slims terug te zeggen. Het is hartstikke leuk als je rijleraar zo luchtig en sociaal is, maar voor mij was dat met de prikkels en de spanning erbij eigenlijk te veel. Daar was in speciale lessen misschien wel meer rekening mee gehouden.

Zonnebril op tijdens het rijden

Iets wat ik tijdens de rijlessen veel terugkreeg, was dat ik niet ver genoeg vooruitkeek. Doordat ik slechter prikkels kan verwerken, had ik geleerd om veel naar de grond te kijken. Tijdens het rijden deed ik min of meer hetzelfde: ik keek veel naar de weg vlak voor me, in plaats van dat ik de hele situatie in me opnam. Dat hielp me om de hoeveelheid prikkels te verminderen, maar het was natuurlijk niet altijd even handig. Het zorgde er bijvoorbeeld voor dat ik niet goed voorsorteerde als we bij een kruispunt aankwamen.

Dat vooruitkijken vereiste dus aan het begin wat aandacht. Moeilijke opgave, maar het is wel gelukt. Wat mij daar, heel praktisch, bij helpt is het opzetten van een zonnebril tijdens het rijden, ook als het buiten niet zonnig is. Geen superdonkere, maar eentje die net dat heftige lichtstukje eraf kan filteren, waardoor alles minder hard binnenkomt.

Wollig in je hoofd

Aan het begin van een ritje heb ik nog volop energie en kan ik alle borden nog zien. Maar door de prikkels (borden, lichtjes, mensen die voorbijlopen of -fietsen) die ik binnenkrijg, word ik na een tijdje een beetje wollig in mijn hoofd en neem ik het niet meer zo goed in me op. Als je daar ook nog angstig bij bent, dan kost dat superveel energie. Op dat punt dacht ik: ik moet het ritje gaan afronden om het veilig te houden.

Het werd beter naarmate ik meer vaardigheid kreeg in het rijden. Hoe meer situaties, kruispunten, wegafzettingen ik herkende, hoe minder nieuwe prikkels ik hoefde te verwerken, hoe langer ik veilig kon rijden. Door mijn autisme blijf ik wel beperkt in hoe lang ik kan rijden en wordt mijn hoofd na een tijdje alsnog wollig. Ik probeer nu tijdens een rit langer dan vijfenveertig minuten regelmatig pauzes te nemen.

Bang om fouten te maken

Ik kon bang zijn dat ik een regel niet goed had onthouden of dat ik 50 reed waar je 80 mocht en dat mensen achter me allemaal dachten dat ik irritant reed. Een keer had ik bijvoorbeeld een stoplicht niet op groen zien gaan en ging iemand toeteren. Toen was ik helemaal in paniek: zie je wel, ik kan niet rijden, ik ben niet aan het opletten, dacht ik toen. Ik was ook bang om andere mensen in de weg te zitten omdat ik niet goed zou kunnen rijden. En dan ga je klungeliger rijden omdat je zenuwachtiger wordt, en dan maak je foutjes en dan ga je jezelf steeds bevestigen: dit was een stomme fout, je kunt het niet. Een vicieuze cirkel.

Tips voor rijles

Het was de bedoeling dat mijn rijlessen een uur zouden duren, maar dat was door mijn autisme en mijn angst voor mij niet haalbaar. We sloten het vaak iets eerder af omdat ik dan heel moe was. Goed dat ik dat aanvoelde natuurlijk, maar het was ook zonde van de kostbare rijlestijd. Ik had liever twee keer per week een halfuur gereden dan een heel uur achter elkaar.

Mijn tip voor mensen met autisme die nog rijlessen gaan nemen, is dan ook dat het belangrijk is om je eigen grens aan te voelen en die serieus te nemen. Je moet niet denken: iedereen kan gewoon een uur rijden, ik kan dat ook. Kijk naar wat voor jou haalbaar is en vraag of daar rekening mee gehouden kan worden.

Faalangstexamen

Gelukkig mocht ik een faalangstexamen doen. Tijdens het examen merkte ik een groot verschil tussen mijn eigen instructeur en de vrouw die het examen afnam. Ik denk dat zij gespecialiseerd was in ofwel autisme, ofwel angst. Ze was heel rustig en duidelijk, terwijl mijn instructeur nogal een grappige, jolige man was.

De examinator legde heel duidelijk uit wat we gingen doen en wat er nodig was om te slagen. Ze zei ook wat ze wel en niet tegen me mocht zeggen tijdens het rijden. Ik kreeg dus veel duidelijke informatie over wat ik kon verwachten, wat mij heel erg hielp om de zenuwen onder controle te houden.

Bij een faalangstexamen mag je op een gegeven moment een pauze nemen. Dus toen ik de opdracht kreeg om ergens te parkeren, leek me dat er een mooi moment voor. Eenmaal geparkeerd zei ze: 'Ik mag het eigenlijk niet zeggen, maar als je nu goed naar huis rijdt, dan heb je het gehaald, dus laat je spanning los.' Ergens hielp dat heel erg en het gaf me zelfvertrouwen, maar ik dacht ook: oh my god, ik moet nu nog goed terugrijden, want anders heb ik het niet gehaald. Gelukkig was het laatste stuk simpel en bekend, dus het is helemaal goed gekomen.

Een eigen auto

Nadat ik mijn examen had gehaald, heb ik een hele tijd gereden met iemand naast me in de auto. Mijn vriend en ik huurden dan zo nu en dan een Green Wheels-autootje, waarmee we samen kleine stukjes gingen rijden om te proberen hoe het voor mij zou zijn om zonder instructeur te rijden. Dat was natuurlijk goed, maar die angst die ik tijdens de rijlessen had, is helaas nog een hele tijd gebleven. Ik heb nooit echt een plan van aanpak gehad, behalve dat ik wist dat ik moest blijven oefenen. Er waren wel periodes, soms echt maanden, dat ik het even niet meer trok om het steeds te blijven proberen, maar uiteindelijk pakte ik het altijd weer op.

Het werd een stuk makkelijker toen mijn vriend een eigen auto kocht; het werd een stuk laagdrempeliger om hem eventjes mee te nemen. Op het moment dat ik me goed genoeg voelde om te rijden, kon ik gewoon de auto pakken.

Met de GreenWheels vormden het ophalen van de auto en het per uur betalen toch een drempel.

Een stapje terug in de verwachting

Omdat ik het rijden niet begonnen was met angst, heb ik ook altijd het idee gehad dat ik er weer vanaf zou komen. Blijven rijden hielp voor een deel, maar een stap terug doen in mijn verwachtingen is wat me pas echt geholpen heeft.

In het begin forceerde ik mezelf. Als we dan een GreenWheels hadden gehuurd, wilde ik de volledige drie kwartier rijden omdat ik het anders zonde vond. Ik wilde alle wegen en rotondes pakken die ik moeilijk of eng vond en dan ook nog even de snelweg op. Elke keer kwam ik nat van het zweet thuis – ik werd gewoon niet minder bang. Ik had mijn rijbewijs dan wel gehaald en kon in theorie rijden, maar door mijn angst liep ik twintig stappen achter en dat moest ik toegeven aan mezelf. Als ik nu terugkijk, zie ik dat dit besef me erg heeft geholpen om liever tegen mezelf te zijn. Vanaf dat moment werd het makkelijker.

Rotondes rijden

Vervolgens ging ik vaker rijden zonder die hoge verwachtingen en ging ik gewoon weer naar huis als ik het niet meer leuk vond. Dat hielp. Ik koos dan bijvoorbeeld een weg die ik al vaker gereden had en waarvan ik wist dat het goed zou gaan.

Ik vond rotondes al vanaf het begin heel leuk, dus dan ging ik een rondje door de stad rijden en rotondes meepakken en dan sloot ik af met een straatje dat ik eng vond zodat ik mezelf nog wel een beetje uitdaagde.

Alleen rijden

Het was fijn om in het begin iemand te hebben die met me meereed, maar ik denk dat het besluit om alleen te gaan rijden vooral goed is geweest. Als er iemand naast me zat had ik toch steeds de neiging om allerlei vragen te stellen: 'Ik mag hier naar links, toch?' 'Ik kan hier naar rechts, toch?' 'Ik mag hier 80, toch?' Dan leer je nog steeds niet op je eigen oordeel te vertrouwen.

De tussenstap naar alleen rijden was om af te spreken dat degene naast me het zou zeggen als ik iets fout deed, maar dat ik geen vragen meer mocht stellen. Dat bleek voor mij uiteindelijk best lastig, en bovendien zagen mijn bijrijders vaak dat ik enorm zat te stressen en dan stelden ze me, ondanks de afspraak, toch weer gerust. Op een gegeven moment besloot ik om een kort stukje alleen te rijden om te kijken hoe dat voelde. Ik koos een stukje uit dat ik al kende en het was naast spannend ook heel bevrijdend.

Lange ritten

Door mijn autisme ben ik in de auto nog steeds wel eens moe, met name op wegen die ik niet ken en als het druk is.

Ook het uitbouwen van mijn rijtijd duurde voor mij langer dan voor de meeste mensen, denk ik. Ik kan nog steeds niet superlang rijden zonder dat ik daarna gesloopt ben.

Autorijden is voor de meeste mensen zo normaal, dat ik het stom vond dat ik het niet kon, maar het helpt natuurlijk niet om dat te denken. Het heeft me wel geholpen om te bedenken wat wél lukt en wat ik wél kan, en daarop voort te bouwen. Daardoor is het me laatst gelukt om anderhalf uur naar stage te rijden. Dat is een rit over de snelweg en soms via wegen die ik niet ken. Dus daar ben ik echt wel trots op.

Voorbereiden

Toen ik het nog wat spannender vond, hielp het me ook om op Google Maps mijn route op te zoeken. En als ik nu naar een plek ga die ik niet ken en me zorgen maak over het parkeren, dan bekijk ik soms met Google Streetview de parkeersituatie. Ik weet dat ik, als ik drie kwartier heb moeten rijden en dan moe aankom, niet nog in een smal straatje kan fileparkeren. Dan rij ik een stukje door naar waar het makkelijker parkeren is en loop ik maar wat verder.

Praten om je spanning kwijt te raken

Nog een tip: praat tegen jezelf in de auto als je in je eentje rijdt. Ik ging aan mezelf vertellen wat ik aan het doen was: 'Ik ben gewoon aan het rijden, o, ik zie een voetganger, even wachten, sorry mevrouw, we gaan weer door, ik moet hier volgens mij naar rechts.' En zo ben ik soms een hele monoloog met mezelf aan het voeren. Dat kan je helpen om minder in je hoofd te zitten. Als je bijvoorbeeld iets doet wat niet zo handig is, spreek dat dan uit: 'Dat is niet zo handig, sorry.' Dan is het meteen uit je hoofd en je systeem. Door te benoemen wat er aan de hand is, raak ik sneller de spanning kwijt die ik opbouw tijdens het rijden.

Na de rijangst

In 2021 kwam er ineens een moment dat ik aan mijn vriend vroeg of hij een foto van me wilde maken omdat ik zo relaxed achter het stuur zat. Ik vond het leuk hoe ontspannen ik aan het rijden was: mijn schouders waren gewoon laag, ik was niet aan het zweten, het zonnetje scheen. Dat was een moment waarop ik besefte: wooo, ik heb een stuk gereden en ik heb er niet eens over nagedacht en ik vond het niet eng.

Ik heb er uiteindelijk toch vier jaar over gedaan om van echte angst naar 'af en toe is het een beetje spannend' te gaan. Ik vind het fijn dat ik nu gewoon aan vrienden kan voorstellen dat ze met me mee kunnen rijden naar de Veluwe. Dat voelt supergoed!

KRITISCHE MENSEN

De belangrijkste speler in het laten groeien van je zelfvertrouwen ben jij natuurlijk zelf, maar een beetje extra bevestiging en aandacht van anderen heeft nog nooit iemand kwaad gedaan. Kritiek in de vorm van hulp kán dus nuttig zijn. Bijvoorbeeld als je rijleraar zegt dat je nog niet goed genoeg in je spiegels kijkt. Of zoals mijn broer laatst tegen mij zei: 'Hé, ik zie dat elke keer als je een vrachtwagen wilt inhalen je het gevoel hebt dat je er keihard voorbij moet en dan meteen weer naar rechts. Dat is niet verkeerd, maar je mag daar veel meer tijd voor nemen.' Vergeet alleen niet dat jij de persoon bent die beslist welke mensen deze feedback kunnen geven. Als de mensen in je omgeving telkens tegen je praten alsof je aan jezelf moet twijfelen, ga je die bevestiging niet van hen krijgen.

Sommige kritiek is namelijk louter kritiek, zonder een oplossing te bieden. Je eigen kritische stem kan zo klinken, maar ook je ouders, docenten, vrienden, verkeringen en sommige rijleraren.

Als je maar lang genoeg bij een kritische stem in de buurt bent, begin je die langzaam over te nemen in je hoofd. Dat je ouders vroeger tegen je zeiden: 'Kijk je wel uit bij het oversteken?' klinkt kritisch maar is vrij nuttig. Elke keer als je nu voor een weg staat denk je: even links rechts links kijken. Niet nuttig is het als ze hadden gezegd: 'Oversteken moet jij echt niet alleen doen, jij bent altijd met je gedachten ergens anders.' De kans bestaat dat je ook nu elke keer nog denkt: OMG, ik moet gaan oversteken, ik hoop dat ik het wel kan, ik ben namelijk enorm slecht in oversteken dus grote kans dat ik het verpest.

Mensen kunnen zich nu eenmaal erg met je rijstijl bemoeien, om wat voor reden dan ook. Ze kunnen extreem kritische dingen tegen je zeggen als: 'Als je zo langzaam aan de linkerkant blijft rijden, zit je iedereen in de weg.' Maar het kan ook klein en subtiel zijn: 'Denk je dat het je gaat lukken, zo'n lang stuk op de weg?' En ook gedrág kan kritisch zijn. Zoals bijrijders die bij iedere fietser die rechts naast je rijdt hoorbaar hun adem inhouden, zich extreem focussen op elke handeling die je doet, of je elke keer als je op de snelweg iemand in wilt halen laten weten hoe het beter kan.

Dit is allemaal niet behulpzaam – sterker nog, het zal je gaan tegenwerken. Maar over de kritische stem van andere mensen heb je geen controle. Je kunt vragen of ze erop willen letten, maar je bent niet hun coach of therapeut, en bovendien ben je al druk genoeg met je eigen kritische stem. Mijd zulke bijrijders daarom tijdens het opbouwen van je zelfvertrouwen. Vraag alleen mensen die je motiveren en je zelfvertrouwen laten groeien. Want als jouw zelfvertrouwen eenmaal groot genoeg is, zul je merken dat de kritiek van een ander je veel minder doet. Dit klinkt vast logisch, maar het leek me toch belangrijk om het nog even te benadrukken.

Een kleine disclaimer: ik bedoel zeker niet dat je het meteen uit moet maken met je verkering omdat die altijd wel iets aan te merken heeft, of dat je het contact moet verbreken met je ouders omdat ze je kritiek met de paplepel hebben ingegoten. Wel kan ik zeggen dat hoe meer positieve mensen jij in je leven verzamelt, hoe makkelijker het is ook aardig tegen jezelf te zijn.

HOE GA JE OM MET DE KRITISCHE STEM IN JE HOOFD?

Het slechte nieuws is dus dat je niet veel invloed hebt op je omgeving, maar het goede nieuws is dat je over de kritische stem in je eigen hoofd iets meer controle hebt. Een goede manier om hieraan te werken is door je eerst bewust te worden van wat je de hele dag allemaal tegen jezelf zegt. Je kunt hiervoor in therapie gaan, dagelijks in je dagboek schrijven, met vrienden praten die met dit soort dingen bezig zijn of zelfhulpboeken gaan lezen. Opties genoeg.

Hoe meer kritische gedachten je hebt, en hoe minder vertrouwen in jezelf, hoe groter de kans dat je verkrampt tijdens situaties in het verkeer. Als je kritisch bent is je eerste gedachte bijvoorbeeld: ik ga dit vast verkeerd doen. Terwijl je als je vertrouwen in jezelf hebt, denkt: hoe ga ik dit oplossen? Ik weet dat ik het kan.

Een voorbeeld: tijdens een eerder ritje reed je bijna een fietser aan toen je wilde afslaan, maar je kon net op tijd remmen. Een gespannen verkeerssituatie, waar je kritische

stem heel lekker op gaat als je eraan terugdenkt: 'Zie je nou wel, je bent een verschrikkelijke chauffeur, het uitschot van de stad! Ze zouden jou nooit meer de weg op moeten laten!' Als je zelfvertrouwen wilt opbouwen kun je beter luisteren naar die andere stem in je hoofd: 'Ik reed net bijna die fietser van rechts aan, maar ik zag het precies op tijd en ik bleef rustig, waardoor ik geen ongeluk heb veroorzaakt. De volgende keer gaat het me waarschijnlijk lukken om nog beter op te letten, want ik ben beter voorbereid op fietsers van rechts.'

Nog een voorbeeld: tijdens het wegrijden bij het stoplicht slaat je motor af omdat je de koppeling te snel laat opkomen.

Een nuttige gedachte: ik heb al heel vaak de koppeling goed laten opkomen, anders had ik mijn rijbewijs nooit gehaald. Dus als ik rustig blijf, gaat het me vanzelf lukken om weg te rijden.

Niet nuttig: kut, tering, tyfus. Ik ben de slechtste chauffeur die ooit bestaan heeft, iedereen haat me, alle bestuurders achter me zijn boos. Waarom overkomt mij dit nou weer. Dit is typisch ik. Lekker een auto laten afslaan bij een stoplicht. Hadden ze me maar nooit mijn rijbewijs gegeven. Ik ga nooit meer rijden.

Nuttig: waarschijnlijk hebben de meeste mensen wel eens meegemaakt dat hun auto afsloeg voor een stoplicht, dus ze begrijpen hoe vervelend het is. Automobilisten die achter me gaan staan toeteren zijn niet zo slim, want hoe opgefokter ik word, hoe langer het voor hen duurt. Dus dat is echt hun eigen probleem. Ik betaal belasting, deze weg is net zo goed van mij als van hen.

Niet nuttig: iedereen haat me, ik kan dit niet, ik ga nooit meer de weg op.

Welke van deze gedachten zorgen ervoor dat je sneller wegrijdt? En de volgende dag weer de auto in wilt? En welke zorgen voor nog meer vermijding?

Je kritische stem veranderen lukt natuurlijk niet binnen een dag. Die heeft jaren de tijd gekregen om zich te ontwikkelen, en het zal dus ook een tijdje duren om hem tot zwijgen te brengen. Het begint met je bewust te worden van wanneer je precies onaardig tegen jezelf bent, en je af te vragen of dat nou wel zo nodig is. Een gebruikelijke techniek die vaak goed werkt is om je, als je vastzit in negatieve gedachten, af te vragen of je deze dingen ook zou zeggen tegen: je beste vriendin, je broertje, je zusje, of iemand anders voor wie je niks dan liefde en compassie voelt.

Dezelfde techniek kun je toepassen als je niet weet hoe je dan wel tegen jezelf zou moeten praten. Kies iemand uit voor wie je veel liefde voelt en vraag je af wat je in een bepaalde situatie tegen die persoon zou zeggen. Als bij diegene de auto afslaat, zou je dan als commentaar geven: 'Iedereen haat je, please ga nooit meer de weg op, schat'? Nee? Waarom zeg je dit dan wel tegen jezelf?

TIP VAN PSYCHOLOOG SABINE KLAVER

'Een beetje kritiek kan je scherp houden, dat is handig op de weg. Maar op het moment dat je beseft dat je tegen een ander niet zo kritisch zou zijn, weet je ook dat het niets bijdraagt aan je rijprestaties.
Wat ik cliënten in therapie vaak vraag is om die kritische stem een naam te geven, bijvoorbeeld Ursula uit *De kleine zeemeermin*. Dat helpt om wat afstand te creëren en je te realiseren dat die stem alleen maar in je gedachten bestaat. Dan kun je zeggen: 'O, daar heb je Ursula weer, die is best wel bang in het verkeer en daarom levert ze heel gemeen commentaar op me. Ursula, het komt goed, maar je kunt nu gaan want ik heb niks aan wat je zegt.' Daardoor wordt die stem minder van jou, en kun je er beter afstand van nemen.'

DE EINDBAAS ONDER OGEN KOMEN

Nadat ik een aantal snelwegvermijdende ritten met de Frika had gedaan, werd ik steeds zelfverzekerder achter het stuur. Ik dacht nog eens na over mijn snelwegangst, en het idee van bij Ede de snelweg opgaan vond ik inmiddels niet meer zo eng – dat zou ik wel durven. Misschien was de snelwegangst inmiddels al wat minder erg. Het stukje snelweg waar je in Amsterdam-West op kwam als je richting Oost wilde rijden, bleef daarentegen een soort monster voor me.

Je komt daar na het invoegen op een weg terecht die altijd erg druk is en waar zowel links als rechts mensen je voorbijzoeven. Na vijf minuten, terwijl je je rustig op de rechterbaan staande probeert te houden, kom je opeens midden op een zesbaansweg terecht, waar je van 80 naar 100 kilometer per uur gaat. Kortom: het is een stuk snelweg waar je zo ongeveer om de minuut, misschien wel vaker, een beslissing moet nemen. Veel vaker dan op de snelweg

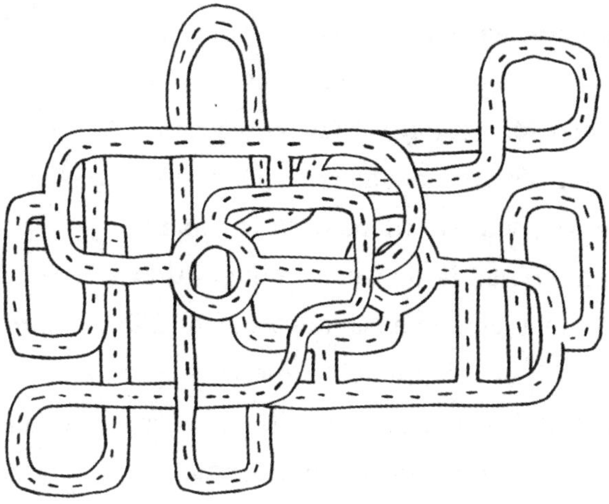

bij Ede: daar voeg je rustig in en vervolgens ga je kilometerslang rechtdoor. Als je zou willen, kun je als het druk is de hele tijd op de rechterbaan blijven rijden.

De enige keren dat ik op dat stuk snelweg in Amsterdam-West had gereden, was met mijn vader naast me. Het was altijd goed gegaan, maar wel ontzettend stressvol geweest. Nu ik erover nadacht, vond ik het geen wonder dat die weg mij als beginnende chauffeur overweldigde. Dus was ik eigenlijk wel zo bang voor de snelweg? Of was ik vooral bang voor dat stukje A10? Dezelfde ring de andere kant op, richting Noord, leek me veel overzichtelijker en een haalbare volgende stap voor mijn antirijangstbootcamp.

Een goede vriendin van me, Lize, woont met haar katten in Noord. Ze is regelmatig midden op de dag thuis (lekker rustig op de snelweg) en heeft veel gratis parkeerplekken voor de deur. Scheelt weer parkeerangst. Zij werd mijn 'alleen over de snelweg ergens heen'-doel. Mijn eerste stap was om vriendin Roos te vragen of ik haar een keer over de snelweg via Noord naar huis mocht brengen. Zo had ik de weg in elk geval al een keer met iemand naast me geoefend. Zij was echt zo van: Ja, te gek! Superchill; gratis Uber-ritje met chauffeur Titia! Dus op een dag bracht ik Roos met de Frika via de snelweg naar huis en ging ik in mijn eentje via de binnenstad weer terug. Ik was nog steeds licht gespannen, maar het ging goed.

Door de goede ervaring met Roos durfde ik het de volgende dag aan: alleen op de snelweg. Ik stapte in mijn autotje, zette 'Unwritten' van Natasha Bedingfield aan, deed mijn zonnebril op en sjeesde naar Lize. In mijn eentje. Heen en terug. Over de snelweg. Er gebeurde helemaal niks. Of nou ja, niks ergs! Vanaf toen was ik niet meer te stoppen. Snelwegje op, afritje af. Elke keer werd de spanning voor de snelweg minder. Ik begreep nu ook eindelijk waarom iedereen zonder rijangst altijd tegen me zei: 'Hoezo ben je bang voor de snelweg, daar vind ik het zelf juist het chillste om te rijden! Het is er veel overzichtelijker dan binnen de bebouwde kom.'

Zelfs de oprit in Amsterdam-West doet me inmiddels niks meer.

IDEEËN VOOR RIJOPDRACHTEN VOOR JE EIGEN BOOTCAMP

Alle opdrachten hieronder kun je met of zonder andere mensen doen. Of bijvoorbeeld eerst een keer met iemand en daarna alleen. Hoe zelfverzekerder je op het ene gebied wordt, hoe nieuwsgieriger je zult zijn naar andere dingen. En voor je het weet, doe je meer dan je verwacht had. O, en voel je niet bezwaard om mensen te vragen; er zijn veel bemoeierige personen in de wereld die maar al te graag hun kennis delen, dus als je het op die manier bekijkt, doe je hen eigenlijk een groot plezier.

- Wat mij betreft de allereerste opdracht: naar je auto gaan en erin gaan zitten. Even lekker op je telefoon. Misschien de motor starten, weer uitschakelen, en terug naar huis.
- Doornemen wat alles in de auto betekent en hoe het

werkt. Waar zitten de lichten, de ruitenwissers, hoe maak je het tankluikje open, hoe zet je de auto in zijn achteruit, hoe zet je je perfecte autorijplaylist aan?

- Maak een rondje in je buurt (of zelfs alleen door je eigen straat) waarvan je weet hoe alle kruispunten en rotondes et cetera werken.
- Als je bang bent om alleen te rijden, plan dan een afspraak in met een vriend(in) die je kan helpen. Of nog beter: boek gewoon een los lesje bij een rijschool en leg uit waar je bang voor bent of wat je graag zou willen leren. Een lijst maken van je specifieke angsten zoals we hierboven al bespraken, kan je hierbij heel veel tijd (en geld) schelen. Je zou kunnen zeggen dat je gewoon een uurtje onder begeleiding wilt rijden. Of: 'Ik ben bang voor de snelweg, maar ik wil eerst wat andere oefeningen doen voordat we die weg opgaan.'
- Als je tanken eng vindt, ga dan een keertje samen met iemand tanken. Gooi de tank maar voor een kwart vol met hulp van je bijrijder. Breng die vervolgens naar huis, ga nog een keer naar hetzelfde tankstation en vul de rest van de tank in je eentje.
- Boek eens een opfrisles bij een rijschool waarin je alleen maar leert om te parkeren. Of vraag een vriend die goed kan uitleggen om hulp met een 'complimentenvraag', zoals: 'Jij kunt dingen altijd zo

goed uitleggen, zou jij mij een keertje een halfuur willen leren parkeren?' Kijk een parkeertutorial op YouTube. Het kan zijn dat tijdens de rijlessen niet alle tips en trucs even goed binnen zijn gekomen, omdat je toen te druk was met andere dingen. Als je meer rijervaring hebt, is parkeren opeens veel minder ingewikkeld.

- Neem iemand mee naar een fastfoodrestaurant aan de snelweg.
- Lees en praat over rijangst met andere mensen met rijangst. Als je erachter komt dat meer mensen dezelfde angst hebben, wordt de angst soms minder.
- Even lekker naar de carwash met de meiden of je date.
- Heeeeeel lang opblijven of heeeeeel vroeg opstaan en dan 's nachts, als er niemand anders is, de snelweg op.
- Vraag aan mensen of ze ingewikkelde rotondes of kruispunten kennen. Bespreek met die persoon hoe je het aan moet pakken en rij er samen een keertje overheen. Misschien moet je eerst de andere persoon laten rijden en ga jij daarna.

MIJN EERSTE KEER AUTOPECH

Toen ik mijn rijangst onder controle had, ging ik om het te vieren met mijn beste vriendin Sarah op roadtrip naar Frankrijk. Het was ontzettend bijzonder en motiverend om te merken dat dit me geen slapeloze nachten opleverde – dat had ik een halfjaar daarvoor niet eens kunnen dénken.

Mijn auto had net een apk-keuring gehad en mijn broer had samen met mij de hele auto nog even gecheckt (bandenspanning, oliepeil, bandenprofiel), dus ik maakte me er weinig zorgen over. Dat ik lid werd van de ANWB, met pechhulp Europa, was dan ook meer voor de zekerheid (en omdat mijn broer drie keer tegen me had gezegd dat het slim was).

Maar toen, na dagen rijden, honderden kilometers asfalt, drie stormen verder, vlak voordat we Lyon in reden, een halve minuut nadat Sarah voor het eerst had gevraagd: 'Vind je het erg als ik even mijn ogen dichtdoe?', begon de auto gek te trillen. Ik minderde vaart en zei voorzichtig: 'Sarah, er klopt iets...' En terwijl ik 'niet' zei, hoorden we een keiharde knal. We hadden een ouderwetse klapband.

Sarah

Langzaam reden we naar de vluchtstrook. We gingen zelf ver achter de vangrail staan en Sarah belde de ANWB. Terwijl de ANWB regelde dat de Franse wegenwacht ons kwam redden, kregen wij van de meeste mannen uit onze omgeving (dit hele avontuur stond uiteraard meteen op Instagram) het absurde advies om zelf de band te gaan vervangen. Naast dat ik een wit pakje aanhad, dat ik onmogelijk schoon kon houden als ik daarin een band moest gaan vervangen, is het ook nog eens 'uuuhm, levensgevaarlijk' om dit aan de rand van de snelweg te gaan doen.

Na een halfuur rustig te hebben gewacht, kwam autodokter Pascale ons en de Frika oppikken met zijn grote truck en heeft hij een paar kilometer verder op een rustig industrieterrein de band vervangen. De truc bij autopech is dus een herhaling van hierboven: blijf kalm, neem geen overhaaste beslissingen en laat je helpen.

WAT TE DOEN ALS JE EEN PANIEKAANVAL HEBT OF ER IETS ANDERS MISGAAT OP DE SNELWEG?

Sommige mensen denken dat je alleen maar naar de vluchtstrook mag als je een klapband hebt. Dat is niet zo: je mag de vluchtstrook gebruiken in geval van nood. Een paniekaanval op voelen komen, een flesje water laten vallen dat misschien onder je rempedaal kan schuiven, onwel worden: dat zijn allemaal noodgevallen. Ze kunnen voor ongelukken zorgen, en om dat te voorkomen mag je stoppen op de vluchtstrook. Hoognodig moeten plassen of telefoneren is volgens de regels geen noodgeval en daarvoor word je beboet.

Het is wel belangrijk om te noemen dat het altijd veiliger is om te stoppen bij een benzinestation of op een parkeerplaats, dus rij weer verder zodra het kan. Mocht je wel gebruik moeten maken van de vluchtstrook, beweeg je er dan zo veilig mogelijk naartoe. Rijkswaterstaat adviseert om de auto zo veel mogelijk rechts op de vluchtstrook te zetten. Indien het langer duurt dan een paar minuten, moet je uitstappen en op veilige afstand of achter de vangrail gaan staan.

TIP VAN PSYCHOLOOG SABINE KLAVER

'Mocht je op de vluchtstrook of een parkeerplaats terechtkomen met angstige gedachten, dan is het fijn om te weten wat je nodig hebt om er weer uit te komen. Het kan slim zijn om op basis daarvan een noodpakket voor in de auto te maken. Een pakketje waarvan je weet dat het jou kan helpen tijdens zo'n aanval. Sommige mensen hebben bijvoorbeeld altijd een zak zuurtjes in de auto, want de prikkel van zo'n zuurtje kan afleiden van een angstgedachte. Maar bijvoorbeeld ook een lijstje met goede ademhalingsoefeningen, het nummer van iemand die je kunt bellen als je paniek voelt opkomen, of een stressbal die je kunt gebruiken bij ademhalingsoefeningen.'

VERA KREEG RIJANGST NA EEN AUTO-ONGELUK

Vera (26) is vierdejaars PhD-student hersenwetenschappen. Ze had nog maar een aantal maanden haar rijbewijs toen ze op de ring in Amsterdam in een auto-ongeluk terechtkwam. Daarna kampte ze met rijangst en vermeed ze de snelweg. Onlangs is daar verandering in gekomen.

Huilen in de lesauto

Ik begon op mijn zeventiende met rijlessen en had er zin in. Het leek me cool om een rijbewijs te hebben en ook handig, want dan kon ik mijn ouders helpen. Mijn moeder vindt het namelijk nog wel eens vermoeiend om lange stukken te rijden.

De eerste lessen vielen tegen en vond ik stressvol. Je moet op zo veel dingen tegelijk letten. Ik was bang dat ik iets over het hoofd zou zien, of af zou dwalen met mijn gedachten. Vooral het invoegen op de snelweg vond ik spannend. Er gebeurt heel veel tegelijk, voor mij bijna te veel om allemaal in de gaten te kunnen houden.

Ik heb regelmatig gehuild in de lesauto. We moesten zelfs een paar keer de auto stilzetten aan de kant. De rijinstructeur had al ervaring met mensen met faalangst. Dat was meer toevallig dan gepland, maar achteraf wel fijn. Zo had ze ook geregeld dat ik een faalangstexamen mocht doen, dan krijg je onder andere een pauze tijdens je examen.

Gelukkig haalde ik mijn rijbewijs in één keer. Het was fijn om een rijinstructeur te hebben met wie het goed klikte en die me begreep. Helemaal als je misschien een beetje angstig kunt zijn.

Een ongeluk op de ring van Amsterdam

Ongeveer een halfjaar nadat ik mijn rijbewijs had gehaald, ging ik met mijn zusje en moeder naar de IKEA in Amsterdam. Ik had nog niet heel veel rijervaring en mijn moeder stelde om die reden voor dat ik terug zou rijden. Het was al donker en dat maakte het voor mij meteen wat spannender.

Ik reed op de een-na-linkerbaan van vier banen op de ring van Amsterdam, toen er aan mijn rechterkant een auto kwam rijden. De richtingaanwijzer ging aan om aan te geven dat hij mijn baan op wilde komen. Hij reed precies naast me en begon al op te schuiven naar links terwijl ik nog geen tijd had gehad om plaats te maken. Dat was erg stressvol, want als ik niet zou reageren, zou hij tegen me aan rijden. Achteraf gezien had ik moeten toeteren of snel gas moeten geven, maar op dat moment ging het allemaal te snel en draaide ik zonder in mijn dode hoek te kijken mijn stuur naar links. Daar reed een andere auto, en mijn linkerachterkant raakte zijn rechtervoorkant. Hierdoor verloor ik de controle over het stuur en kwamen allebei de auto's in de vangrail terecht. Door de klap werden de airbags aan de bestuurderszijde opgeblazen. Mijn moeder schrok en gilde; ze vertelde me achteraf dat ze dacht dat we doodgingen. Gelukkig dacht ik dat zelf niet op dat moment, ik denk omdat ik het stuur vasthad. Ik was wel even de controle verloren, maar die kreeg ik snel weer terug. Het lukte me om van de linkerbaan met de airbags uit helemaal naar de rechterkant, de vluchtstrook op te rijden. In zo'n panieksituatie kom ik blijkbaar in mijn 'dit moet ik oplossen'-modus en dat heeft me denk ik geholpen om rustig te blijven.

Op de vluchtstrook

De auto die ik geraakt had, was ook op de vluchtstrook beland, zo'n 100 meter achter ons. Er zaten vier jongvolwassen jongens in, die enorm opgefokt uitstapten. Ze dachten waarschijnlijk: wat doe jij nou, je rijdt opeens vol tegen mijn auto aan? Maar zij wisten natuurlijk niet dat ik zelf ook van mijn rijstrook af gedrukt werd. Intussen zaten wij kort in de stress omdat we bang waren dat er iets in onze auto in de fik was gevlogen. In de auto hing wat rook, maar achteraf hoorde ik dat die waarschijnlijk uit de airbags was gekomen.

Eenmaal uit de auto heb ik meteen 112 gebeld en binnen vijf minuten stond er al een politieauto met twee agenten bij ons. We zijn vervolgens met de sleepauto vanaf de plek van het ongeluk naar het sleepbedrijf gegaan, waar we een schadeformulier moesten invullen. Je moet dan een soort schets maken van de situatie, en ik had daarop drie auto's getekend: de auto van de jongens, onze auto, en de auto die mij van mijn baan af drukte. De jongens geloofden alleen niet dat er nog een auto bij betrokken was geweest en wilden er niet mee akkoord gaan. Uiteindelijk hebben zij hun schadeformulier ingediend met maar twee auto's op de schets, en ik met drie auto's. Daarna zijn we met een taxi naar huis gebracht. Pas toen we de voordeur achter ons dichttrokken, ben ik in huilen uitgebarsten.

Angst voor de snelweg

Ik wist al vrij snel hierna dat rijden op de snelweg echt een ding ging worden, en mijn moeder vergrootte die angst. Ze voelde zich schuldig dat ze me had aangeraden die avond in het donker terug te rijden. Ze nam het zichzelf kwalijk dat ze niet had geweten dat ik daar nog niet klaar voor was geweest, en dat zei ze me ook. In mijn hoofd ontstond toen heel erg het idee dat ik nog niet ervaren genoeg was om op de snelweg te kunnen rijden.

Ik kan het gewoon niet, dat snelle invoegen, was bijvoorbeeld een gedachte die veel in mijn hoofd oppopte. Daar was ik tijdens mijn rijlessen namelijk al niet goed in. Dan liet ik het gas vaak een beetje los als ik over mijn schouder keek of de baan vrij was, terwijl je dan juist moet doorpakken, weet ik nu.

Naar Friesland

Ik woonde in de tijd van het ongeluk nog in Oegstgeest en ik wist wel dat ik na het ongeluk zo snel mogelijk moest gaan rijden, omdat het anders een te grote drempel zou worden. Het lukte me gelukkig om mijn angst opzij te zetten en in het dorp rotondetjes te nemen, over provinciale wegen te rijden – en ik werd een ster in achteruit inparkeren. Het waren spannende dingen na het ongeluk, maar omdat het goed ging, bevestigde het een gevoel dat ik het nog wel kon. Alleen de snelweg bleef ik vermijden. Mijn opa en oma wonen bijvoorbeeld in Friesland – een rit van tweeenhalf uur. Ik wilde dan heel graag mijn moeder afwisselen, maar ik merkte dat ik dat niet durfde voor te stellen. Ook omdat mijn moeder dan zou vragen of ik het wel zeker wist en omdat ze zei dat ik het niet hoefde te doen als het niet goed voelde. Heel lief van haar, maar ik ging daardoor erg aan mezelf twijfelen.

Toch proberen

Ik heb het vermijdgedrag en mijn versnelde hartslag tijdens het autorijden nooit gezien als rijangst, ik had er nooit bij stilgestaan dat daar een woord voor was. Ik dacht gewoon dat ik iemand was die niet zo goed als andere mensen alles in de gaten kon houden op de snelweg.

Maar toen kreeg ik een relatie met mijn huidige vriendin. Zjos heeft autisme en is daardoor snel overprikkeld, wat er al vrij snel in onze relatie een keer voor zorgde dat we beter naar haar huis konden gaan. Ik woonde nog op kamers in Utrecht, zij woonde in Heesch en we konden haar auto pakken om erheen te rijden. Door alle prikkels was het voor haar lastig om te rijden, dus stelde ik heel stoer voor om het te doen. Dit zou mijn eerste ritje worden sinds het ongeluk, maar ik dacht: ik ga er gewoon voor. Achteraf gezien was dat het slechtste moment om de angst te overwinnen: onderweg sloeg het weer opeens om en begon het keihard te regenen. Van dat noodweer waardoor je maar 100 meter voor je uit kunt kijken. Ik raakte tijdens die rit in paniek en moest huilen. We hebben toen de auto aan de kant gezet en Zjos kon gelukkig het laatste stuk rijden.

Een lege snelweg

Op dat moment realiseerde Zjos zich hoe heftig het rijden op de snelweg voor me was. Ze houdt zelf erg van rijden en wilde me graag helpen om over deze angst heen te komen. Dit deed ze vooral door me aan te moedigen het probleem aan te pakken, iets wat ik goed kon gebruiken. Daarnaast bleek de eerste lockdown onderdeel van mijn redding. Omdat Zjos veel groter woonde dan ik, trok ik in die tijd bij Zjos in en moest ik regelmatig naar Utrecht om voor mijn werk fysieke experimenten te doen. Dit was in de tijd dat vrijwel iedereen thuisbleef en daardoor waren de snelwegen hartstikke leeg – perfect voor mij om te oefenen.

Ik had zo lang de snelweg vermeden dat ik het alsnog spannend vond, maar door de lege wegen had ik alle ruimte om rustig in te voegen en gingen ook handelingen zoals voorsorteren of afslagen nemen allemaal prima. Door al dat oefenen kreeg ik veel meer zelfvertrouwen, wat ik vervolgens langzaam heb kunnen uitbouwen naarmate meer mensen weer naar hun werk gingen en de snelwegen drukker werden.

Advies voor andere mensen met snelwegangst

Ik vind het lastig om mijn ervaring te transformeren naar een algemeen advies, omdat de lockdown een unieke periode was. Ik weet wel dat het 's avonds laat ook rustig is op de wegen, dus dat zou je eventueel kunnen proberen. Ook helpt het om vooraf te kijken hoe druk een weg is; sommige snelwegen hebben nu eenmaal invoegstroken waar het altijd druk is. Dan kun je ervoor kiezen om een stuk binnendoor te rijden en ergens anders de snelweg op te gaan, waar het wat rustiger is. Uiteindelijk moet je gewoon uren maken.

Ik vind het nog steeds spannend als ik een afslag moet halen als het druk is. Dan probeer ik mezelf rustig te houden door bijvoorbeeld te herhalen wat mijn rijinstructeur tegen me zei: 'Rustig blijven, gewoon doorsturen, hou goed je stuur vast, als je iets mist dan pak je de volgende.'

Of vraag een familielid of vriend(in) om je aan te

moedigen; voor mij was het heel fijn dat ik Zjos had, die af en toe zei: ‘Nu ga je dít doen.’ Geef wel aan dat het moeilijk voor je is als diegene je angst juist bevestigt, zoals mijn moeder deed.

En nu?

Ik geniet het meest van de rijvaardigheid zelf, het soepel in en uit kunnen voegen, zonder er veel over na te denken. Dat ik de controle heb en het kan. Het geeft me een beetje hetzelfde gevoel als gitaarspelen. Er zijn liedjes die ik gewoon makkelijk kan spelen zonder erover na te denken, omdat die motorische vaardigheden in me zitten.

Het is ook leuk dat ik er niet alleen niet meer bang voor ben, maar dat ik er inmiddels ook gewoon goed in ben geworden. Het is heel prettig dat er steeds een nieuwe rijvaardigheid bij komt en dat ik dan weer iets nieuws kan. Netjes invoegen, schakelen of goed kijken – alles wordt op een gegeven moment makkelijker. In heftige regen rijden is bijvoorbeeld nog steeds een stressmoment voor me, maar ik heb dat vorige week wel gewoon gedaan. Toen bracht ik Zjos midden in Storm Dudley naar Amsterdam.

WAT ZEG IK (HARDOP) TEGEN MEZELF OM RUSTIG TE BLIJVEN ALS IK IN MIJN EENTJE BEN?

- Heel goed gedaan, je bent al vijf minuten aan het rijden en tot nu toe gaat het helemaal goed.
- OMG, je rijdt nu in je eentje op de snelweg terwijl Jennifer Lopez door de boxen schalt, hoe vet!
- Wie had dit gedacht, je bent gewoon tegen je eigen verwachtingen in lekker aan het rijden, ook al was je vanochtend nog in paniek, echt vet.
- Whieeee, je reed net gewoon over een kruispunt heen dat je niet kende, maar zoals je ziet, ging het helemaal goed.
- Weer een dag zonder problemen gereden. Geen ongelukken veroorzaakt, je zag iedereen op tijd, je bent rustig gebleven, echt top.

- (Als ik even niet wist wat ik moest doen.) Oké, dit gaat helemaal goed, we gaan nu even op zoek naar een plek waar ik makkelijk kan parkeren om bij te komen.
- Oké, het verliep even niet zoals ik dacht, maar ik ben nu stil gaan staan op dit parkeerterrein om mezelf te herpakken, en dat is echt de beste keuze die ik had kunnen maken.

WAT ZEG IK (HARDOP) TEGEN MEZELF EN ANDERE MENSEN TIJDENS HET RIJDEN?

- Zie me gaan. Ik ben gewoon lekker aan het rijden.
- Bam, lekker op de snelweg.
- Ook zin in een snack?
- Even stil zijn, ik moet me concentreren.
- Lekker bezig.
- Oké, nu kun je weer praten. Ssst. O nee, toch niet.
- Wil je de radio even voor me aandoen?

DUURZAAM DE TOEKOMST IN SCHEUREN

Er komt nog steeds te veel CO_2 in de lucht en CO_2 veroorzaakt klimaatverandering. De CO_2-voetafdruk van een huishouden (2,2 personen) in Nederland is gemiddeld 19.000 kilo per jaar. 18 procent daarvan bestaat uit autorijden en het gebruik van het ov. De trein is inmiddels al klimaatneutraal omdat die rijdt op windenergie, dus die 18 procent komt voornamelijk van de auto. En om specifiek te zijn van de brandstofauto. Ik interviewde Mariken Stolk, duurzame mobiliteitsexpert bij voorlichtingsorganisatie Milieu Centraal, omdat ik me afvroeg of het nog wel slim is om je rijangst überhaupt te overwinnen, vanwege de impact die dit heeft op de wereld.

ALLES ELEKTRISCH

'De overheid wil streven naar minder klimaatimpact en dat is een behoorlijke uitdaging, waarvoor flinke ingrepen moeten worden gedaan. Minder auto's is een belangrijke oplossing om minder klimaatimpact te hebben door mobiliteit, maar mensen zullen altijd willen blijven rijden dus helemaal ervanaf komen we nooit. Wel is het zo dat de brandstofauto vanaf 2035 niet meer nieuw mag worden gemaakt en verkocht in Europa, en dat is een stap in de goede richting.

In aanvulling op dit verbod, kiest de overheid nu al voor het stimuleren van elektrisch rijden. Hierbij komt de energie voor de motor gewoon uit het stopcontact en dat is een stroommix waarvan nu een deel groen is en die steeds groener zal (moeten) worden – een stuk duurzamer dus. We hebben bij Milieu Centraal uitgerekend dat als je nu een nieuwe elektrische auto koopt in plaats van een nieuwe brandstofauto, je over die hele levensduur (dik 18 jaar) al zo'n 60 procent CO_2-uitstoot bespaart. Dit is inclusief de uitstoot die het maken van de accu van de elektrische auto veroorzaakt. Gelukkig zijn er ontwikkelingen waardoor de accu minder grondstoffen nodig gaat hebben. Dat willen de autofabrikanten natuurlijk zelf ook; die willen daarop besparen en recycling gaat hierin een steeds grotere rol spelen. Het blijft wel een aandachtspunt.

Als je over vier jaar verspreid uitrekent wat je per maand kwijt bent aan een benzineauto in vergelijking met een elektrische auto, dan ben je uiteindelijk goedkoper uit met een elektrische auto. Dat komt doordat de kosten van elektrisch rijden (de 'brandstof'), het onderhoud en de belastingen een stuk lager zijn. Ook is er tot 2025 nog een subsidie beschikbaar voor de aanschaf van een elektrische auto: in 2022 kun je €3.350 aanvragen voor een nieuwe auto en €2.000 voor een tweedehands. Daarnaast ben je als je elektrisch rijdt tot 2024 ook vrijgesteld van wegenbelasting.'

MEEST DUURZAME AUTO KOPEN

'Een elektrische auto is uiteindelijk het meest duurzaam. Je zou die bovendien kunnen delen met een aantal mensen. Er zijn bedrijven met deelauto's zoals ShareNow, en in Utrecht zit WeDriveSolar.

Als je toch een brandstofauto wilt aanschaffen, zorg er dan voor dat je een auto koopt die past bij wat je nodig hebt (en het is ook nog beter voor je portemonnee). Hoe groter de auto, hoe hoger het brandstofverbruik. Het is duurzamer en zuiniger om een auto te kopen die zo recent mogelijk gemaakt is, het liefst na 2005.'

DUURZAAM RIJDEN

Er zijn heel veel zuinige-rijstijltips:

- De belangrijkste is: hoe langzamer je rijdt, hoe zuiniger. Je verbruikt meer brandstof bij hogere snelheden, en dan stoot je dus ook meer vervuilende stoffen uit. Dit groeit exponentieel, en vooral boven de 100 kilometer per uur gaat het echt heel hard omhoog. Een snelheid van 70 tot 90 kilometer per uur is het zuinigst. Brandstof werkt bij deze snelheid het best, waardoor er ook minder CO_2, stikstof en fijnstof uit de uitlaat komen.

- Probeer zo snel mogelijk te schakelen en niet te lang in je hoge toeren te blijven zitten als je in een schakelauto rijdt. Nieuwere auto's hebben een schakelindicator in het dashboard.
- Controleer elke twee maanden je bandenspanning. Zo'n zes van de tien autobezitters rijden met te zachte banden, en dit is behalve onveiliger ook slechter voor het milieu (en je portemonnee) omdat je meer brandstof verbruikt. Alle (auto)banden lopen langzaam leeg, ook als de auto stilstaat of je weinig kilometers maakt.
- Gebruik je cruisecontrol (op de snelweg en provinciale wegen) voor minder verbruik van brandstof.
- Leer goed anticiperen. Als je ziet dat een stoplicht in de verte op rood springt, kun je je gaspedaal loslaten en de auto laten uitrollen in de versnelling waarin je reed.
- Al vanaf dertig seconden stilstaan loont het de moeite om je motor af te zetten. Zet daarom je motor uit bij stoplichten waarvan je weet dat die lang op rood blijven, spoorwegovergangen of open bruggen.

EEN GEVOEL VAN VRIJHEID

Mijn angst voor rijden uitte zich regelmatig in een afkeer van rijden. Ik snapte bijvoorbeeld niet waarom sommige mensen liever zouden rijden dan achterin zitten en gechauffeurd worden. Ook de trein had veel voordelen waarvan ik niet snapte dat autorijlovers die zo makkelijk opzijschoven. In een trein kon je immers lezen, schrijven of een dutje doen. Dat je in een coupé met twintig anderen zit, je aan een bedacht tijdschema moet houden en dat als je uitgestapt bent je nog moet bedenken hoe je bij je eindbestemming komt, vergat ik vaak om mijn eigen rijhaat te kunnen blijven rechtvaardigen.

Als ik met niet-rijangstigen over rijden praatte, zeiden ze vaak iets in de trant van: 'Maar vind je het gevoel van vrijheid dan niet heerlijk? Dat je weet dat je elk moment in je auto kunt stappen en weg kunt gaan, waar je maar naartoe wilt?' Nee, dacht ik dan, terwijl ik me voorstelde hoe opgesloten ik me met mijn paniekgevoelens in mijn auto zou voelen. Ik begreep niet hoe iemand die de verantwoordelijkheid op zich nam om met een gemotoriseerd voertuig de weg te gebruiken, zich vrij kon voelen.

Gelukkig bleek ik weer eens ongelijk te hebben en overspoelde dat gevoel van vrijheid me wel degelijk naarmate ik steeds ontspannener in de auto zat. Hoe minder paniek, hoe meer vrijheid. De keren dat ik de meeste vrijheid voel, zijn de momenten dat ik in mijn eentje in de auto zit. Op weg naar een werkafspraak, naar mijn ouders, of naar de andere kant van de stad om iets op te pikken. Gewoon mijn deur uit lopen, mijn tas op de achterbank zwiepen en wegrijden. Lekker wegmijmeren bij het zachte geruis van de andere auto's op de snelweg, fantaseren over mijn leven en de gedachte dat als ik zou willen, ik gewoon door zou kunnen rijden naar Parijs (of Leipzig als je Parijs te cheesy vindt).

NEGATIEVE KANTEN VAN OVER MIJN RIJANGST HEEN ZIJN (EN EEN AUTO HEBBEN)

Helaas is het niet allemaal joie de vivre, zo'n leven zonder rijangst. Nu ben ik opeens de persoon die alle rekeningen moet dokken, de parkeerplekken moet uitzoeken, de route moet weten. Als ik een boete krijg, moet ik beslissen of ik aan mijn bijrijders ga vragen of ze die met me willen delen want zij zaten immers ook in de auto. Of ga ik de gulle persoon zijn en het niet eens zeggen? En ik betaal niet alleen voor de benzine, maar ook voor het onderhoud, de wegenbelasting, en de luchtverfrisser aan mijn achteruitkijkspiegel. Natuurlijk kun je mensen met een Tikkie om een bijdrage vragen maar dat doe ik meestal niet, want dat staat niet cool.

Vroeger kon ik gewoon cool zijn zonder erover na te

denken. Ik had immers geen financiële en plantechnische verantwoordelijkheden. Ik kon niet rijden en hoefde dus ook niet na te denken over de planning, route of waar er geparkeerd kon worden. En als er niet om gevraagd werd, betaalde ik ook zéker niet mee aan benzine, parkeerkosten, onderhoud, wegenbelasting en boetes. Ik leefde het leven van een prinses.

DINGEN DIE IK KAN, NU IK OVER MIJN RIJANGST HEEN BEN (EN EEN AUTO HEB)[25]

Naar de IKEA

Zonder twijfel op nummer 1 is het allerbeste aan deze nieuwe status dat ik naar de IKEA kan wanneer ik maar wil. Echt een droom die uit is gekomen. Meer dan tien jaar nam ik al mijn IKEA-aankoopbeslissingen op basis van de vraag wat ik mee kon nemen in de metro.[26] Er is niks lekkerders dan op een donderdagochtend bedenken dat je een douchegordijn en een nieuwe Billy nodig hebt voor een mini-home-make-over en dat je die een uur later in huis hebt.

25. Nogmaals: sorry CO_2-uitstoot.
26. De bezorgkosten van IKEA zijn vaak hoger dan het product zelf.

Mezelf trakteren op: niet fietsen

Omdat ik voor mijn chronische ziekte medicijnen slik die vanwege de potentiële bijwerkingen slechter voor me kunnen zijn dan de ziekte zelf, moet ik elke drie maanden mijn bloed laten prikken. Daarmee kunnen ze aan mijn bloedwaarden zien of het nog allemaal goed zit. Nu hou ik toevallig niet van naalden in mijn arm en ook niet van eraan herinnerd worden dat mijn ziekte angsten en kwetsbaarheid met zich meebrengt. Helaas is een confronterend eenzaam element van het volwassen zijn dat je al die ziekenhuisdingen opeens alleen en tussen je werkzaamheden door moet doen. Maar wat nog erger is dan in volledige eenzaamheid tussen alle bedrijven door bloed laten prikken, is die net te lange fietstocht erheen. Als het regent word ik nat op mijn hoofd, als het te warm is onder mijn oksels. Het minste wat ik voor mezelf kan doen is mezelf in mijn auto ernaartoe chauffeuren met Lorde keihard uit de speakers.

Naar de (Vakkenvullers)*set met mijn eigen auto*

Sowieso vind ik alles waar ik zakelijk naartoe kan in de auto opwindend. 'Ik kom met de auto, waar kan ik parkeren,' mail ik altijd graag terug op een werkverzoek. Heerlijk om alles in mijn achterbak te gooien en een dunne stijlvolle jas aan te doen die niks te maken heeft met weersomstandigheden, die er alleen maar is om mijn stijl te upgraden.

Als ik eenmaal aankom, stap ik arrogant uit, bliepbliep ik de auto op slot en geef ik een blik van: zo, hier ben ik.

Midden in de nacht op vakantie

Ik herinner me bijvoorbeeld nog een winternacht in december waarin Roos op mijn bank zat en we een heel slechte kerstfilm aan het kijken waren. Roos moest weg voor de film afgelopen was, want ze ging nog naar haar familiehuis (een idyllisch boerderijtje) in het oosten van het land. Ik wilde niet dat de gezellige avond stopte en had wel zin in een paar nachten kerstig vakantiegevoel. Voor we het wisten zaten Roos en ik samen in mijn auto op weg naar een open haard, een grote tuin en een heldhaftige boerderijkat met een intense knor. We hebben anderhalf uur gekletst en meegezongen met Tino Martin, Brace en Ruth Jacott. Dit was eindelijk dat gevoel van vrijheid. Dat ik gewoon kon beslissen om in het donker mee te gaan.

Een Car2Go huren als eerste datelocatie tijdens een lockdown

Als je erover nadenkt (wat ik deed toen er een lockdown was, in de winter en ik een overdekte dateplek zocht), is een stilstaande auto eigenlijk gewoon een privécafé. Tijdens de lockdown in december 2021 leerde ik via Twitter een leuke jongen kennen. Dagelijkse DM's veranderden in appjes en voor ik het wist kwam de vraag: wil je een keertje in het echt afspreken? Buiten was het erg koud en ik presteer erg slecht in de kou (een rillerige meid is niet hot). Op dat moment waren de enige cafés die nog open waren die achter de check-in op Schiphol, en uiteraard hebben we die optie uitgebreid onderzocht, maar ik vind ook dat je een eerste date niet al te groots moet aanpakken. Wat nou als de ander je wil vermoorden of stinkt maar je vanwege de grote moeite toch maar besluit langer te blijven?

Dus nam ik hem mee naar een privécafé dat uitgerust was met een verwarming, twee prettige stoelen en een uitgebreid soundsystem. Nu hoef je natuurlijk niet te durven rijden om in een stilstaande Car2Go te gaan zitten, maar omdat ik veelvuldig gebruik heb gemaakt van de Car2Go, voelde ik me een stuk zelfverzekerder toen we de auto in stapten (wat me enorm onweerstaanbaar heeft gemaakt).

Compromissen sluiten met je nieuwe verkering en met de auto in plaats van de trein naar Parijs

Die onweerstaanbaarheid zorgde ervoor dat deze man in no-time aan mijn voeten lag. Ik kon alles met hem doen wat ik wilde, dacht ik. Dus toen ik aan het inpakken was voor mijn (al eerder geplande) treintrip naar Parijs, appte ik hem een paar uur voor vertrek of hij mee wilde. Hij bleek toch nog een eigen wil te hebben en hoewel het hem heel leuk leek om mee te gaan moest hij nog tot de avond werken en kon hij daarom de treintijden niet halen.

Hij wilde mee, maar alleen als we met mijn auto zouden gaan.

Dit klinkt misschien alleen maar lief, maar het was wel een compromis omdat ik al een non-refundable eersteklasticket had. Het was wel een compromis dat ik graag sloot, want ik wilde absoluut met mijn twee lovers, die jongen en mijn Frika, midden in de nacht naar Parijs rijden.[27]

Op Marktplaats-artikelen reageren buiten je 'dichterbij dan 3 kilometer'-filter.
Tel Sell-stem: 'Heb je ook zoveel last van onnodige kosten omdat je een nieuw artikel via een webshop aan moet schaffen die aan huis levert aangezien de tweedehandsexemplaren niet binnen fietsbereik zijn? Loop jij ook regelmatig unieke kringloopparels mis omdat je niet weet hoe je in de binnenstad van Hellevoetsluis moet komen? Weet je vaak niet hoe je die excentrieke spiegel heel je huis in krijgt? Wacht niet langer, overwin je rijangst en neem een (deel)auto!' Koop in de herfst schaatsen van 10 euro omdat je denkt slim te zijn die te kopen voor het gaat vriezen en ze duurder worden. Terwijl, wie weet of het ooit nog gaat vriezen?

---

27. Hij reed gelukkig alles in Parijs, zo erg over mijn rijangst heen ben ik nu ook weer niet.

Een feestje geven zonder rugpijn
Ik haat boodschappen online bestellen. Het is voor mij erg belangrijk om mezelf energetisch open te stellen en minstens tien minuten het volledige snackvak op me in te laten werken voor ik intuïtief kies wat ik mijn gasten allemaal voor wil schotelen. Het grootste probleem van boodschappen doen voor een feestje (die helaas ook altijd bestaan uit verschillende kratten bier omdat je niet zeker weet of iedereen nog steeds alcoholvrij blond bier drinkt, of dat iedereen weer gewoon dronken wil worden op goedkope pils) was natuurlijk altijd hoe je al die drank en zakken pistachenoten naar je huis gesleept krijgt.

Voordat ik een auto bezat verspreidde ik het boodschappen doen over meerdere dagen, en nu rij ik gewoon met mijn auto naar een supermarkt met een parkeerplaats. Bovendien kun je de onaangeraakte kratten bier vervolgens weer inleveren en je geld daarvoor terugkrijgen.

Mijn stembanden trainen
De enige plek waar ik me vrij genoeg voel om keihard te zingen en langdurig weg te dromen over mijn toekomstige succes als popster, is mijn solocabine op wielen.

Nagaren
Vaak is het als ik thuiskom met de auto moeilijk om die meteen te verlaten. Zodra ik mijn huis in loop moet er weer

van alles gebeuren, maar zolang ik nog in mijn auto zit, leef ik in een soort schemergebied. Is het reistijd? Is het lunch? Wie zegt het. Ik gooi mijn voeten op het dashboard en ga scrollen op mijn telefoon. De muziek nog aan en dan even lekker dramatisch naar buiten of naar het plafond staren.

BEDANKT

Bedankt voor het lezen van mijn boek, ik hoop jullie gauw op de snelweg tegen te komen terwijl we beiden in onze solocabine op wielen aan het meeblèren zijn met Tino Martin. Ik wil natuurlijk mijn ouders bedanken, voor de liefde en de auto en de ondersteuning. Alle leuke mensen van Blossom Books voor het vertrouwen en de hulp bij deze nieuwe en verbeterde uitgave.

Mijn mederijangstbuddy's Kristen, Vera en Katharina: bedankt dat jullie zo open wilden zijn over jullie eigen angsten, om in dit boek nog meer verschillende perspectieven te delen. Sabine en Mariken: voor jullie expertise. Mijn broers, Anne, Floor, Roos, Talisia, Sarah en andere mensen die me geholpen hebben tijdens het overwinnen van mijn rijangst. Bedankt, Sarah, Floor, Nydia, Marie Lotte, Jasper, Koen, Niels en Dick voor het helpen met de totstandkoming van dit boek door middel van taalkundige, mentale en visuele hulp. Bedankt, alle Instagram-volgers die me ondersteunden tijdens mijn rijangstsaga. Jullie lieve berichten, tips en hulp hebben me keer op keer weer die auto in gekregen.